湛庐CHEERS

与最聪明的人共同进化

HERE COMES EVERYBODY

CHEERS
湛庐

影响力·行动篇

STICK WITH IT

[美]肖恩·扬 著
Sean Young
阎佳 译

中国财经出版传媒集团
中国财政经济出版社
北京

测一测

你离想到又做到还有多远？

扫码加入书架
领取阅读激励

- 为了养成每天跑步健身的习惯，采取哪种举措更有效？（单选题）

  A. 买下自己一直心仪的那双跑鞋，并给自己配上最好的跑步装备

  B. 邀请朋友和自己一起加入一个跑者群，天天一起跑步打卡

  C. 每天睡觉前都提醒自己第二天要早起跑步

  D. 从跑步理论到技术指导，一步步慢慢学起

扫码获取全部测试题及答案，
一起了解实现持久改变的
7 种行动武器

- 以下哪种方法能更有效地帮人们改掉拖延的毛病？（单选题）

  A. 在家和办公室里贴上写有“让自己不再拖延”等字样的纸条来提醒自己

  B. 创建一个治疗拖延的自助小组

  C. 让朋友、伴侣每天提醒自己完成该完成的任务

  D. 每次拖延后都惩罚自己

- 假设你只有半年的时间，将自己的英语水平从零基础提升到能和外国人正常交流的程度，以下哪种做法更有效？（单选题）

  A. 挑选 10 部英语电影，回家慢慢啃

  B. 拿起双语字典开始背单词

  C. 将为期半年的大目标拆分成以周为单位的小目标，并紧盯小目标

  D. 每天在线上英语角找网友聊天

扫描左侧二维码查看本书更多测试题

肖恩·扬
SEAN YOUNG

行为科学领域开创性权威
心理学与科技领域的跨界探索者

肖恩·扬是行为科学领域的新一代权威人士，一手创立了加州大学洛杉矶分校数字行为中心（CDB）及加州大学预测技术研究所（UCIPT）。扬所创造的帮助人们实现持久改变的系统方法，更是受到“影响力教父”罗伯特·西奥迪尼的高度称赞。

与传统行为科学研究者不同，扬擅长将心理学、医学、商业和科技领域的成果结合起来，利用新兴的网络技术帮助预测和改变人们的行为。扬不仅曾在美国国家航空航天局（NASA）艾姆斯研究中心任职，还和英特尔、Facebook、思科公司等多家企业长期合作，帮助它们更准确地预测和引导用户行为。

痴迷于探索人类行为

SEAN YOUNG

从童年时代起，扬就对千变万化的人类行为非常感兴趣。对于如何改变人类行为，提升健康、财富和社会关系，扬有着非常丰富的经验：

- 他 9 岁就开始涉足股市，2014 年根据行为心理学设计了一种自动交易算法，年收益超过 40%。
- 他曾在听众超过 2 万人的音乐会上演奏，也做过乐团管理，当过一些知名乐团的推手。
- 在斯坦福大学读博期间，他利用业余时间为美国国家航空航天局的宇航员设计过训练程序。他还在斯坦福商学院教授过 MBA 课程，建立了一个为南亚乡村地区提供健康服务的非营利性组织，帮助了超过 15 万人。
- 2013 年，他尝试销售人寿保险，不到 3 个月就成为一家保险公司在美国西海岸地区的销售冠军。

凡是与人打交道的工作，扬总能做到得心应手，这同他对人类行为规律的独到理解是分不开的。

扬在加州大学洛杉矶分校攻读民族音乐学本科学位时，曾参加几门心理学课程，这让他第一次对人类行为产生了浓厚的兴趣。随后，扬在斯坦福大学学习，获得心理学博士学位，而在加州大学洛杉矶分校进行博士后研究时，一些经历使他提出了一个问题："为什么人们无法坚持明显会对自己有益的行为呢？"这个核心问题促使扬创立了加州大学预测技术研究所，致力于利用社交媒体和技术来预测并改变人类的行为和结果。

从理解行为到做出改变

SEAN YOUNG

扬的研究总是紧紧把握着时代和科技的脉搏。他研究如何利用当下飞速发展的社交媒体和移动技术来改变行为，如何通过大数据预测人们在各种情境下的思想和行动、帮助设计可穿戴设备，探索人们在线及离线时的行为……这些研究几乎涉及当代生活的每一个方面，如医药健康、消费、网络安全等。

扬还用了 15 年的时间，通过与科学界的一些顶尖人士合作，开发出 7 个经过科学验证的方法，帮助人们在工作和生活中做出持久改变。经验告诉扬，人们虽然知道自己需要怎样做才能达到目标，但他们通常不会那样做，因为他们没有系统学习过如何改变行为并坚持这种新行为。例如，你想要戒烟、减肥或者摆脱低头族的生活，为此你像大多数人一样，尝试去做了一些改变，但一次又一次的挫折使你灰心丧气，最后的结果也可想而知。在扬看来，持久改变并不需要改变你这个人本身，而是需要你去了解改变背后的科学，并设计一套适合自己的行动步骤。

扬不仅关注如何理解人的行为，更关心如何利用科技的力量为人们带来有益的行为改变。为了实践自己的研究成果，扬创立了线上同伴教育干预计划(Harnessing Online Peer Education,HOPE，以下简称"希望"社群)。这个计划将行为改变的科学和社交媒体结合起来，可以应用在商业和生活的方方面面。他的研究显示，"希望"社群足以将人们坚持行为改变的可能性提高 3 倍。

受西奥迪尼称赞的持续行动法

SEAN YOUNG

在《影响力·行动篇》中，扬把积淀了几十年的行为科学领域经典理论和前沿研究融合在一起，在阐明人类行为是如何改变的同时，也渴望引起人们的共鸣，帮助人们意识到哪些做法能改变行为，哪些不能。

由于在学术和公众领域的杰出贡献，扬被视为行为科学领域当之无愧的新一代权威人士。西奥迪尼称赞扬："对于如何让人们做出改变，行为科学家们十分在行；但对于如何让人们将改变持续下去，他们就所知不多了。肖恩·扬改变了这一尴尬局面，提供了一套有助于实现持久改变的系统方法，该方法既具有坚实的科学基础，又易于实践。"

《纽约时报》、《华盛顿邮报》、《科学》、美国国家公共电台（NPR）、美国有线电视新闻网（CNN）、美国哥伦比亚广播公司（CBS）等各大主流媒体都对扬的研究进行了专题报道。扬还受邀为美国疾病预防控制中心（CDC）、联合国艾滋病联合规划署（UNAIDS）、英特尔、微软、IBM、Facebook、Twitter 等知名机构和企业进行演讲，并在多家医疗服务公司、数字健康公司、营销公司担任科学顾问。扬的研究成果正在改变着越来越多的人，让他们理解自己和他人行为的方式，并做出行动，实现持久改变。

SEAN YOUNG

善于坚持，更应学会如何改变

肖恩·扬
加州大学预测技术研究所创始人

修读心理学研究生期间，我决定学习一门新的语言。此前我学习的外语只有西班牙语和葡萄牙语，所以这一回，我想学点罗曼语族之外的语言。我打算先分别到希伯来语和汉语的课堂去学一阵儿，过几个星期再从中二选一。结果，完全没等那么久，第一天我就做了决定。

在课程表上，希伯来语课排在最前头。一下课，我就跑去找我的以色列朋友，练习刚学到的希伯来语入门短语，结果朋友说："我们都会说英语，为什么要等着你想上 10 分钟、蹦出几个希伯来语单词来才能对话呢？"我回答说："你们这可是坐实了我心中以色列人没耐心的刻板印象啊！"

当天晚些时候，我上了人生中第一堂汉语课。我走进教室坐下，发现全班人几乎都是美籍华裔学生。当想到他们说不定在家里就积累了许多使用这门语言的经验时，我很担心自己能否跟上学习的进度。不过，老师一上课就说，中文是有声调的语言，只要你能唱“哆来咪发唆”，就能说中文。我是个乐手，又刚刚拿到了民族音乐学学位，于是立刻就动了心，产生了学习汉语的念头。

这就是当听说我的第一本书《影响力·行动篇》在中国出版时，我激动万分的原因。不过，当图书策划方湛庐公司请我为中国读者写一篇序言的时候，我实在不知道该写些什么才好。为什么呢？因为这是一本关于怎样让人坚持做事的书，而我认为，中国人原本就特别善于坚持。中国是世界上历史最悠久的文明古国之一。数千年来，许多中国人一直都坚持着禅修和养生。在我看来，中国人本就知道该怎样坚持下去！

直到几年前，我有幸受中国心理学家和商界人士的邀请来到中国。在这趟旅行中，我了解到中国人也跟其他国家的人一样，被同样的行为问题困扰，即难以坚持健身、戒烟、吃健康食物等好习惯，难以建立更好的工作和生活模式，平衡工作和家庭的关系。我还了解到一件极为有趣的事情，那就是：虽然悠久的文化和历史帮助中国人坚持了某些传统，并善于继续做本就在做的事情，但在构思富有创造力的产品或不再拖延时，仍会遇到挑战。当我意识到，西方人难以把想做的事情贯穿始终的心理问题同样也影响着中国人时，写一篇序言对我来说就简单多了。我只需把这个事实写出来就行。

《影响力·行动篇》能为你提供关于怎样让行为实现持久改变的信

息。不管你是想要研发新型化工品或制药化合物的科学家，还是想要建立更活跃的客户群的商业人士，抑或是单纯地希望自己或家人更健康的普通读者，本书都能为你提供一份“食谱”，指导你达成目标。本书会教给你其他书里没有的信息，比方说，帮你将想要改变的行为分为 3 种不同的类型，并且找到改变它们所需的工具。但它终究只是一本书而已，它只能给你提供信息。一如中国文化早已领悟到的那样，真正把一件事坚持到底的方法，就是将它巩固为习惯，或将它变成社会惯例的一部分，让它容易做到，也就是要运用本书所介绍的 SCIENCE 模型。所以，当你阅读本书的时候，请一定不要只用眼睛浏览，或只用大脑思考，而要把书里的概念运用到生活里——跟朋友讨论、分享，把 3 种想要改变的行为变成日常生活习惯的一部分。

非常感谢你购买本书，真心希望收到你的来信。

是什么影响了我们的行动

人们总是很难持续行动，他们中断营养计划，不遵守药物治疗方案，无法坚持执行新年时订下的计划：放弃了减肥，拖延症照犯。

市场上的畅销书都提出了什么样的建议呢？

查尔斯·都希格（Charles Duhigg）的《习惯的力量》（*The Power of Habit*）和格雷琴·鲁宾（Gretchen Rubin）的《比从前更好》（*Better Than Before*）宣称，在生活和事业上取得成功的奥秘在于培养良好的习惯。然而，他们的理论基础只建立在一项研究上，这项研究认为，习惯占生活和工作中行为的 40%。但我们的行为中还包括另外的 60%，那么我们该拿这部分怎么办呢？

前人智慧也未能解决这个问题。他们告诉你的答案是：要改变你本来的样子。如果想坚持健身目标，就得像美国健身大师理查德·西蒙斯（Richard Simmons）一样热爱锻炼；如果想做个成功的企业家，就得成为史蒂夫·乔布斯那样的创新天才；如果想当个优秀的销售人员，就一定要成为玫琳凯·艾施（Mary Kay Ash）般的社交高手。值得我们效法的榜样名单可以无穷无尽地列下去。

改变性格，说起来容易做起来难：每个人都有一系列一辈子都不会改变太多的核心人格。**好在要持续行动，你不需要改变自己的核心人格，而只需要了解持续行动背后的科学，并设计一套适合自己的行动步骤就行了。这就是本书想要实现的目的。**

过去 15 年，我跟科学界的一些顶尖人物合作，确认了让人们在任何环境下都能持续行动的 7 种行动“武器”。

我是加州大学尔湾分校医学院的教授，也是加州大学洛杉矶分校数字行为中心及加州大学预测技术研究所的执行主任。美国国家卫生研究院和英特尔等组织与企业，还有美国顶尖的医院和基金会等机构，已经为我的研究提供了超过 1 000 万美元的资金。研究的参与者在饮食、睡眠、锻炼、药物及慢性疼痛管理方面实现了持久的改变。我们的行为改变项目让参与者得以避免感染艾滋病病毒，还让他们得到医疗救助保住了生命。我设计的干预措施帮助数千人改变了损害健康的行为，还帮助大大小小数十家企业改变了与业务相关的行为，并更好地发展。

我的方法跟社会心理学家罗伯特·西奥迪尼[①]在迄今为止最成功的

① 西奥迪尼将心理学的研究结果提炼为一套能说服他人的规律，其著作《影响力（全新升级版）》被誉为“销售人员的圣经”，这本书的中文简体字版已由湛庐引进，北京联合出版公司于 2021 年出版。——编者注

商业类图书之一《影响力》中所写的类似。西奥迪尼回顾了近 300 年来的研究，并把研究与自己的实际工作相结合，总结出一套普遍的规律。与西奥迪尼总结的规律一样，我介绍的这 7 种行动武器也具有叠加作用：使用其中一种兴许有效，而使用两种、三种甚至更多种，一定会更有效。

我曾多次运用本书介绍的方法，让个人或群体的持续行动率提高了近 300%。也就是说，使用这些方法的人比不曾使用它们的人，改变行为的可能性要高 3 倍。

你可以把我在书中介绍的武器运用到工作或生活里。它们改变了乔希·纳瓦（Josh Nava）的生活，他以前一直做不完学校布置的作业，读不完自己为了消遣而想要读的书，讨厌跟进项目；但如今，他变成了成功的企业家，坚守着自己的工作和兴趣爱好。它们改变了里希·德赛（Rishi Desai）的生活，他以前太焦虑、太害羞了，没法和陌生人说话；但如今，他是个成功的医生，为世界知名的可汗学院①设计了医学院的课程。乔·库隆布（Joe Coulombe）也运用这些武器挽救了走下坡路的乔氏超市（Trader Joe's）②，让它变成了一家能

① 可汗学院是由孟加拉裔美国人萨尔曼·可汗创立的一家教育性非营利组织，并通过上传授课视频为全球学生提供免费在线教育。详细介绍可参阅《翻转课堂的可汗学院》，这本书的中文简体字版已由湛庐引进，浙江人民出版社于 2014 年出版。——编者注

② 乔氏超市是美国最受欢迎的连锁超市之一，以高质低价的商品以及独特的文化体验闻名。乔氏超市创始人的唯一著作《坪效之王》中文简体字版已由湛庐引进，浙江教育出版社于 2024 年出版。——编者注

够有效改变顾客购物行为的企业。

本书提供了经过科学验证的设想，你只要按照需要把它们运用到工作或生活当中，便能实现或大或小的目标。

STICK WITH IT

目 录

第二部分

STICK
WITH IT

第一部分

影响行动的 7 种武器

STICK WITH IT

第 1 章

对抗

为达成持久改变而做准备

让飞机逆势飞行，工程师、飞行员和乘务员需要拥有驾驭风和重力的力量。

让人们逆势而为同样复杂。不是所有人都拥有非凡的意志力，人也比飞机更复杂，所以我们需要借助一套更精妙的模型来改变行为。

在美国亚利桑那州纳瓦霍县中央地带的大峡谷地区有一道绵延的深沟，叫作“大拐弯”。这个名字虽不怎么动听，但这里的风景美不胜收。雄伟的岩层从小科罗拉多河岸边隆起，有红色的、棕色的、白色的，也有金色的。但尼克 · 瓦伦达（Nik Wallenda）并不是来观光的，他正屏住呼吸，站在脚趾粗的钢索上尽力保持平衡。

钢索架在河两岸往外伸出的岩石之间，离地足有 457 米之高。除了钢索，尼克别无其他安全保障。此时的风速高达 48 千米 / 小时，足以吹得树枝乱颤，让电话线发出啸音，显然，也足以让尼克的腿摇晃起来。

尼克正尝试在这种远不理想的条件下，走完 400 多米，横跨大峡谷。他全神贯注地呼吸着：呼……吸……呼……吸。尼克拒绝使用安全带，也不同意在钢索下架设安全网。他唯一的道具是一根 9 米多长、将近 20 千克重的平衡杆。他将平衡杆横握在胸前，跟身体呈 90 度。

尼克知道这次的赌注高得实在不能再高了。他的家族中有许多人因为尝试类似的特技摔得瘫痪，甚至送了命。尼克出生于德国的一个马戏团表演世家，他的家族于 1936 年跟随玲玲马戏团（Ringling Bros. and Barnum & Bailey Circus）来到了美国。他家族中的几代人都从事高空惊险表演，父亲和爷爷都是走钢索的[1]。尼克的曾祖父卡尔·瓦伦达（Karl Wallenda）据说是家族里最具天赋的高空钢索表演家，1978 年，他在进行一次与尼克眼下所做的极类似的表演时，失手跌落身亡。

尼克心无旁骛地抬起右脚，向前迈出，稳稳地放在了左脚的正前方。第 13 步完成了！还有 1 384 步要迈。他努力屏蔽周围的噪声，无视峡谷下面扬声器的提醒。那时，世界各地正有约 1 300 万名观众通过探索频道观看这次特技表演的现场直播，并且可以通过尼克的头戴式耳麦听到他在祈祷。

尼克知道，总有些旁观者希望他失败，这是不可避免的。为了增强戏剧色彩，为了吸引眼球，这些旁观者希望能向别人吹嘘："出事的时候，我就在现场……"尼克把这个想法从脑袋里硬生生地推了出去。他也努力不去想，妻子和 3 个孩子扬尼、阿莫达奥斯和埃维塔正在下面观看。他还记得 12 岁时自己斩钉截铁地告诉记者，他不会追随家族的脚步，绝不会当一个高空特技表演家。"这不值得。"他说[2]。

是什么让尼克改变了主意呢？更令人难以置信的是，哪怕每天都有人或事在提醒他，这个职业随时可能害死他，尼克仍能坚持训练。他到底是怎么做到的？尼克自己也许说不出原因，科学家却知道这其中的奥秘。尼克的故事看似跟你没有太大关系，但请继续看下去，说不定你很快会发现，自己跟他之间的共同点超出想象。

行动背后的科学

按照当前的科学理论，尼克的人生道路可预测性很强。虽然尼克并未意识到，但他凭借直觉做对了坚持行动所需要的每一件事，并通过行动方案取得了成功。顺便说一句，尼克顺利完成了横跨大峡谷的高空行走。他接下来的打算是：高空横跨佐治亚州 365 米宽的塔卢拉峡谷，并在钢索上倒立 3 次。

研究表明，有影响行动的 7 种武器支撑着人们在生活和工作中将预定计划坚持到底。利用的武器越多，坚持直至达成目标的可能性就越大。尼克在训练期间就利用了所有 7 种武器。

这一新科学研究也能够帮助世界各地的数百万人。40% 的节食者在第一个星期就放弃了节食计划[3]，超过一半的人最终体重比开始节食之前还要高[4]；由于无法让顾客继续购买自己的产品和服务，企业倒闭关门；由于不能让人们正确服用药物、改变生活方式，或以其他方式有效地管理健康，卫生部门和健康保险公司的努力宣告失败。这样的失败每年都会为社会带来数千亿美元的损失[5,6]。

从表面上看，上述事件似乎是完全不一样的问题，有着完全不一样的起因。说到底，没能达成每天坚持锻炼这种个人目标，跟放弃购买特定品牌的麦片、不再使用某种手机软件，动机难道不是截然不同的吗？没错……但也不绝对。个人丧失减肥的决心与产品销售搞砸生意可能有着不同的原因，但其核心问题是一样的：人们不再做某件事了。如果我们了解了让人们持续行动背后的心理学知识，就可以应对所有这些挑战了。

那怎样才能让人们持续行动呢?

前人的答案是，要改变你的核心人格。要变得像那些具有非凡意志力的人一样，提升自身的能力，激发自己对某件事情的强烈渴望，如此一来，你将克服一路上的所有困难。这类建议试图改变人本身，而非人做事的过程。但人始终是不同的，每个人都有各自的核心人格[①]，这种人格贯穿一生都不会有太大变化。

要想持续行动，你不需要对自己本身做出改变，只需要了解持续行动背后的科学原理，并设计一套适合自己的行动步骤就行了。这就是本书的主旨：**让你了解持续行动背后7种武器的力量，以及怎样运用SCIENCE模型去行动，满足你的具体需求。**

> **SCIENCE中的字母分别代表阶梯（Stepladders）、社群（Community）、重要性（Important）、容易度（Easy）、神经记忆（Neurohacks）、吸引力（Captivating）、铭刻（Engrained），对应的武器分别为阶梯模型、社交磁力、要事为先、极度容易、行为在前、致命吸引和反复铭刻。**
>
> STICK WITH IT

① 我用了“人格”（personality）这个词，因为它容易理解，但从科学角度来说，这个词并不恰当。更准确的说法是，每个人都有着特定的心理状态。他们的行为方式受到文化、种族、宗教、遗传基因，甚至当前瞬间的影响。这些因素共同决定了一个人是什么样的，而且这种多重因素影响下的人格很难改变。

尼克利用这7种行动武器，保持自律，年复一年地坚持训练，以便自己能进行高难度的走钢索表演。尼克的故事固然令人热血沸腾，但大多数人想坚持的目标都比较平凡，人们不需要拼命维持动力，以完成像尼克横跨大峡谷这样英勇的目标。对我们来说，仅仅在下星期每天都记得用牙线或牙签清理牙齿，就已经很好了。所以，我们不妨退后一步，来看一个比较典型的故事。这个故事来自乔希·纳瓦。

乔希十分痛恨自己总是不能坚持行动。还是学生的时候，他就算喜欢某一个课题，也没法自觉完成作业。后来，他存了几大书架的书，但总是会中途放下一本没读完的书，又读起新的来。如今，他已婚，有两个孩子，他发现自己比从前任何时候都更难把一件事坚持到底了。他换了一连串工作，挣扎着在妻子、孩子和工作之间寻找平衡。身患注意缺陷多动障碍（ADHD）让他的问题雪上加霜。他很容易分心，连发一封电子邮件这样的小事也能用上一小时。乔希能拿定主意去做事，但又不可避免地无法贯穿始终。他问自己："我总是打断自己的计划，怎样才能把想做的事情坚持下去呢？"[7]有什么法子能帮帮他呢？

用一把木勺怎样？

乔希想到了一个主意。如果他从简单的事做起，专注于某件小事，情况会怎样呢？如果不管生活里发生什么情况，他每天都做这件小事，那会怎样？乔希一直喜欢制作椅子和餐具，所以，2014年，他在照片及视频分享平台上创建了账号，特意取名为365spoons。他打算每天制作一把木勺，分享给所有"关注"自己的人。他的目标是做一整年，也就是365天，哪怕只有极少的关注者。按照过往的痛苦经历，他知道，只要新鲜劲儿过去，他就会很快放弃。但这一回，他打算采用一套不同的做法。

每天，乔希都用回收材料或废料制作一把木勺，并把照片发布到平台上，配上一段说明文字。他还公开表示，自己之所以这么做，是为了克服总是半途而废的毛病。短短几个星期，乔希获得了上千人的关注，这些人都想知道他艰难地坚持爱好的情况，且欣赏他制作的美丽木勺，鼓励他继续前进。

这些对乔希太有帮助了，但一如他预料，过了一个月，这个项目带来的兴奋感消失了，它变成了一件无聊的麻烦事。经过一天漫长的工作，又跟家人一起消磨了不少时间之后，他完全不想再完成一款新木勺的设计了。乔希脑袋里响起一个熟悉的声音，他打算放弃了，但粉丝不答应。当他表示自己很疲劳和沮丧时，粉丝给予了他连珠炮般的鼓励。

一名粉丝写道："虽说我是单身，而且没小孩，但这样的项目我绝对坚持不了整整一个月。我非常敬佩您的承诺。您给了我巨大的鼓舞！"另一个人写道："你说出了我的心声！我知道我们都有着同样的挣扎，而你能继续坚持，这让我太感动了！为你骄傲！"还有一条评论说："你给了我启发！我打算今年每个星期都做一个剪贴相册！"

这些鼓励的话让乔希坚持了下去。他不仅完成了每天制作新木勺的目标，还积累了一群活跃的粉丝。乔希在人生中头一次意识到了重要的一点："我发现我有能力，只是被埋没了。这次的木勺计划就好像押了一笔重注，我意识到自己能跟进……跟制作木勺没关系，要在一个重要问题上直面自己……回头看看，这堆越来越多的木勺大有意义。”在整个过程中，乔希调动了 7 种行动武器中的 5 种。如今，他有了一项名叫“郊区托板”（Suburban Pallet）的定制木工业务，向关注他、听说过他的故事的人出售木勺和其他手工制品。

你还可以驾驭这些武器的力量去影响他人的行为，就跟汤姆·索斯诺夫（Tom Sosnoff）一样。汤姆起初是芝加哥证券交易所的交易员，后来又成了企业家，生意做得红红火火。2011 年，他利用书中介绍的一些技术，设计了一种新方法，为人们提供互联网金融培训服务，并创办了期权和股票经纪公司 Tastytrade，实时在线用户有近 2 万名，全天用户差不多有 10 万名[8]，用户平均在线时长为两个半小时。汤姆颠覆了传统金融媒体渠道，他以帮助人们坚持行动的科学为基础，设计了一套流程，实现了这一切。

实现行为上的持久改变，只需两个步骤

我之所以研究持久改变，始于一种个人需求。在斯坦福大学攻读博士学位期间，表弟来拜访我。我们当时一起玩乐队，他跟同伴们从洛杉矶开车过来，好在校园里演出。可到了第二天，就在同伴们准备原路回家时，我表弟却痛得没法和他们同行了。他患有一种名叫“克罗恩病”（Crohn disease）的慢性肠道疾病，他以为是这病又发作了。看表弟痛得要死，我们决定去急诊室。原来，他的肠子破裂了。他被紧急送入手术室，差几分钟就没命了，好在手术救了他。经过几周的恢复，他出了院，回到家里坚持每天服用药物，采用新的饮食方案，做新的锻炼。

现在跟我一样，试试站到我表弟的立场想一想。你侥幸逃过一死，如果你希望在将来保持健康，就得改变生活方式。你做到这一点的可能性有多大？如果你像我表弟一样，也就是说，如果你跟大多数死里逃生的人一样，那么你肯定会信心满满地回答：“我当然会为了自己好而改变。”你会开始吃与以往不同的东西，进行不一样的锻炼，按规定每天服用药物。我表弟是个很聪明的人，他对健康有意识，也有动力，我当然认为他在这次突发事件之后会彻底改变生活方式，但他没有。我现在意识到，大多数人都不会改的[9]。他后来还是继续吃自己往常吃的东西，只偶尔锻炼，也不按医嘱服药。

到底是怎么回事呢？我很为表弟担心，还感到困惑和沮丧。他差点死去的时候，我一直在医院陪他。难道这期间我漏掉了些什么？为了弄清楚，我去找过教育、医药和商业领域的专家，得到的回答始终一样：“你表弟的情况，就跟其他不能为健康坚持下去的患者一样。他需要更好地了解为什么需要服药。”接着他们会拿出小册子，推荐网站，指点我去相关协会索取资料。换句话说，他们认为教育和良好的营销，能让人们做对自己好的事。

我对这个解释并不满意。我看得出它无法解释我表弟的行为。当做了更多研究之后，我意识到，它也无法解释世界上其他人的行为。此外，我生活的其他方面也开始暴露出无法持续行动的问题。

比如，我们想把乐队办得更有影响力，但这需要粉丝经常回来观看我们的演出，购买我们的专辑。我们该怎样改变人们的行为，让他们变成我们的老主顾呢？

再比如，我想在斯坦福大学结识新朋友，也想跟南加州的老朋友保持密切的联系。我发现这两件事很难兼顾。我该怎么办呢？

我从自己的学术工作里也看到了类似的问题。当时智能手机移动应用正处于起步阶段，我周围的一些小伙子成了百万富翁，还有一些人则迫切地希望用户使用自己开发的应用程序。企业家们向斯坦福大学心理学系寻求帮助，希望能得到这些问题的答案。于是我跟朋友乔纳在商学院进行联合教学，给商业人士实际面临的挑战提供了部分解决方案。我发现，当代心理学理论一度可以解释怎样改变人们的行为，但这些研究的目的，并不是解决怎样让人们持续行动并坚持到底这一问题的。

看起来，所有人都很难在生活里持续行动。超过 50% 的人无法按照规定服用药物[10]。人们知道运动对自己有好处，但大多数人都没法坚持运动。企业付出大把的广告和营销费用，但并未获得忠诚的客户。我想：一定得找到更好的办法才行。

15 年后，我已经获得了卫生服务研究 / 卫生经济学硕士和心理学博士学位，把自己大部分的精力和研究资源用于探索如何持续行动。我曾在美国国家航空航天局艾姆斯研究中心任职，参与创办了多家公司并为之提供咨询服务。后来，我成了加州大学预测技术研究所和加州大学洛杉矶分校数字行为中心的执行主任，也是加州大学洛杉矶分校医学院教授。

10 多年来，我与心理学、技术、健康 / 医学和商业领域中一些最聪明的人共事，寻找能让人们坚持行动的干预措施。我们将研究成果运用到提升全民身体健康、性健康水平，预防物质滥用和改善心理健康的行为上，成功地改变了世界各地不少人的行为。我们获得了很多资金支持，包括国家级的心理健康研究所、人类基因组学研究中心，主管药物滥用、酒精滥用、酒精中毒、过敏和传染病预防的政府机构，加州大学前校长珍妮特·纳波利塔诺（Janet Napolitano）等人，还有一些保健组织（加州大学洛杉矶分校健康系统）和企业也给了许多帮助。我们构建了一套技术，将掌握的科学知识整合进去，还发现了一些关于如何改变行为并使之持续下去的答案。

尽管我们取得了成功，但每当学生、客户、健康行业的专业人士询问我可以读些什么书来了解持续行动的科学时，我总是感到很纠结。对于大众读者来说，重要的研究性文献太多，内容也太过理论化。虽然市面上也有关于改变行为并持续行动的临床指南，但大多数人无法消化——只有医生才知道怎样根据这些指南采取行动。就算是西奥迪尼的《影响力》也没有告诉我们究竟该怎样改变自己的行为并坚持下去。而且，这本书自从初次出版以来，时间已经过去了数十年，行为科学领域已经有了大量新的研究和发现。此外，有许多图书是记者或商人执笔写的，他们很擅长讲故事，但对是什么促使人们发生改变的，并没有进行直接的科学验证。查尔斯·都希格的《习惯的力量》和格雷琴·鲁宾的《比从前更好》都分享了关于习惯的有趣故事，比如咬指甲、一下车就会锁门等我们会在无意识状态下重复做的事情。但他们所说的习惯仅占人类行为的 40%，对于剩下的 60%，这些书未做任何解释。论述行为动机的书也有很多，可是建立在科学验证基础上的很少。

要想真正改变行为，人必须理解自己为什么要做这件事，彻底弄明

白人类行为背后的科学解释。为此，我在这本书中把行为科学领域经典的和前沿的研究整理在一起，借此阐明人类方方面面的行为是如何发生改变的。

这本书不光会告诉你改变是怎样发生的，还会提供帮你在生活中实现改变的蓝图。它可以教你使用持续行动背后蕴藏的 7 种武器来改变 3 类行为：自动行为（automatic behaviors）、冲动行为（burning behaviors）和常见行为（common behaviors）。我也把它们叫作 A 类行为、B 类行为、C 类行为。把这些元素放到一起，本书便建立了一套持续行动的两步模型：**第一步，确认你想改变的行为是 A 类、B 类还是 C 类；第二步，运用改变这类行为所需的武器。**最终的结果就是，你会得到一张量身定制的路线图，帮你改变想要改变的行为。

近年来，人们常常会倍感沮丧地听到，自己之前所接收的一些科学信息是错误的。这些错误的信息导致了自己在个人健康和商业领域上的失败。我们需要那些可信的记者来报道新闻，需要真正理解并能正确阐述研究的人来介绍科学。我想，身为科学工作者，我有必要撰写这本书，告诉人们哪些做法能改变行为，哪些不能。我在本书中介绍的大部分研究是由我的导师和同事组织并实施的，有一些来自跟我们的研究领域只有“一墙之隔”的其他研究人员，还有一些来自我个人。运用本书介绍的方法，我多次让个人或群体的持续行动率提高了近 300%①[11]。也就是说，跟对照组相比，参与研究的被试在使用这些方法后，改变行为的可能性增长了差不多 3 倍。

① 我们对运用相关方法的人群进行了超过 15 个月的跟踪，发现效果持续存在。

我特意用了“武器”一词，是因为想强调它们能产生持续推动人们做出不同选择的力量。这些力量不仅能决定人们会做些什么、产生什么样的感受，还会让人产生情绪上的、化学上的和神经上的变化。一组力量会推动你坐在沙发上，倒一杯酒，打开电视机；另一组力量却会推动你穿上跑鞋，去锻炼。你会采取哪一种行动呢？答案就是看哪一种力量会推得更狠。你可以让这些力量为自己效劳，毫无疑问，这些力量达到了“武器级”。

你可以把这些武器所具备的力量看成类似影响无生命物体的物理力量。为了使飞机安全飞行，工程师、飞行员和乘务员需要有意识地利用能推动飞机起飞和降落、左右转向的所有力量，比如风和重力。他们越是能够朝着对自己有利的方向来驾驭这些力量，飞机就越容易按他们想要的方式飞行。

让人们逆势而为同样复杂。然而，说到行为改变，大多数人会寻求简单的解决方案。他们认为，这是意志力或动机的问题。但人比飞机更复杂，所以我们需要借助一套更精妙的模型来改变行为。本书的目的是将持久改变行为的科学原理和工具交到你手里，推动你去实现生活和工作中的目标。你可以运用这些力量，让自己坚持做一些想做的事情，也可以运用它们帮助其他人持续行动①。

① 我的研究目的是改变他人来提升社会福祉，比如帮助预防和解决公共健康、教育、贫困等方面的问题。我在这里介绍的 SCIENCE 模型是一种可以改变他人的强大工具，请务必在使用时以社会利益为重。

SCIENCE：7 种行动武器

我在这里介绍的一些武器，乍看起来似乎是常识，感觉很熟悉，但我会让你明白，你之前对它们的认识要么不够准确，要么不够完整。我在本书中将按章节逐一介绍持续行动的 7 种武器，它们会组成一套叫“SCIENCE”的模型。我之所以称之为“SCIENCE”，不是因为你得是个科学家或者医生才能理解并运用它，而是因为，你得记住，这些武器建立在上千项经过验证并经同行审议的科学研究的基础上。

以下是 7 种行动武器：

- **阶梯模型：**研究表明，把焦点放在小步骤上，一个人便会有更高的成功概率。然而，就算人们知道这一点，也无法把改变坚持下去。这是因为，他们不明白这些步骤要有多小，又没有模型可供参考。我会在第 2 章做出解释，“小”的意思是：小而又小。

- **社交磁力：**我们总喜欢把自己想成独一无二、不从众的人。第 3 章会让你从全新的角度认识社群的力量，知道怎样驾驭它来帮自己和他人持续行动。

- **要事为先：**如果你希望人们坚持锻炼，或者继续购买你的产品，那么前提是，这一行为必须对他们十分重要。我相信大家都知道这一点。与第 2 章对“小”的概念进行重新定义一样，第 4 章将教你怎样重新定义“重要性”。

- **极度容易：**人们往往以为自己明白容易的具体程度。第 5 章将介绍怎样让事情变得真正容易，从而让你更可能坚持下去。

- **行为在前：**你是否听说过“有志者事竟成”？或者是否听说过“想法到位了，行动就会跟上”？“思想决定行为”是许多畅销励志书和流行心理学图书的理论基础。这些书会宣扬：人们可以通过自我改变的想象和意愿，来改变自己的行为。可惜这根本是错的。大多数吸烟者光靠想象戒烟是戒不了烟的；只是告诉自己“今年跟往年不同”，人们是无法坚持达成自己的新年愿望的；管理者只是告诉销售员去想象自己做成了一单生意，是无法让销售员真正把生意做成的。

  社会心理学家现在知道，真实情况应该是反过来的。**人们需要改变自己的行为，思想才会随之改变。**你要哄着大脑，让它意识到改变可行。在第 6 章中，我会教你一些形成神经记忆的方法，即一套能重新设定大脑的心理捷径，让你实现积极且持久的变化。

- **致命吸引：**你该怎样把一件事情变得有吸引力，让自己坚持做下去呢？一种流行的方法是将其游戏化。具体就是，通过奖励人们积分、徽章和金钱，让某种活动或产品变得有吸引力，进而使人们愿意继续做或使用下去①。但游戏化思维并非随时都能奏效，关键在于利用心理科学。我在第 7 章中将介绍怎样才能让行为变得有吸引力，从而让你足以说服自己和他人继续坚持下去。

- **反复铭刻：**很多成功人士会告诉你，他们之所以成功不是因为智力或才华出众，而是因为知道该怎样有效地利用个人时间。美国前总统贝拉克·奥巴马出了名地爱按照惯例穿衣、吃饭，这样就能把时间和精力省下来用于国家的重大决策。马克·扎克伯格说自己有 20 多件同款灰衬衣，这样就不用每天都琢磨穿什么了。海明威有个严格的写作习惯：只在上午写作[12]。至于剩下的时间，他会用来构思第二天上午要写些什么，并累积写作兴奋感。这些人都设计了一套有效的流程，坚持做自己必须做的事情。他们了解人类大脑的力量，并将相关的科学知识运用到了个人生活中。

人类的大脑渴望高效运转，它的一项功能就是让人付出最少的努力来做事。如果你反复看到、听到或闻到某种东西，哪怕你并未意识到，大脑也会存储相关信息，让你无须思考便可迅速认出它、检索它[13，14]。如果你反复地

① 沃顿商学院副教授凯文·韦巴赫和丹·亨特开设了全世界第一个游戏化课程，并在其著作《游戏化思维》中阐述了如何将游戏的理念应用到商业实践中并产生意料之外的效果。这本书的中文简体字版已由湛庐引进，浙江人民出版社于 2014 年出版。——编者注

做某件事，比如走相同的上班路线，大脑也会存储这一信息，让你每天不用特意记住怎么走，就能径直到达目的地。大脑对人也会采取相同的方式，如果你反复跟同一人互动，大脑便会存储这些信息，好让你自然而然地觉得跟他在一起更舒服。

将模式铭刻到大脑的过程，解释了人类大量的心理活动。它解释了为什么人们喜欢的是某些产品，而不是另一些产品；为什么人会养成某些习惯。第 8 章将教你如何把事情变成习惯，铭刻到你的大脑里，让你更容易坚持做下去。

图 1-1 中介绍的 SCIENCE 模型能帮助你让自己和他人在生活、工作中持续行动，促成改变。

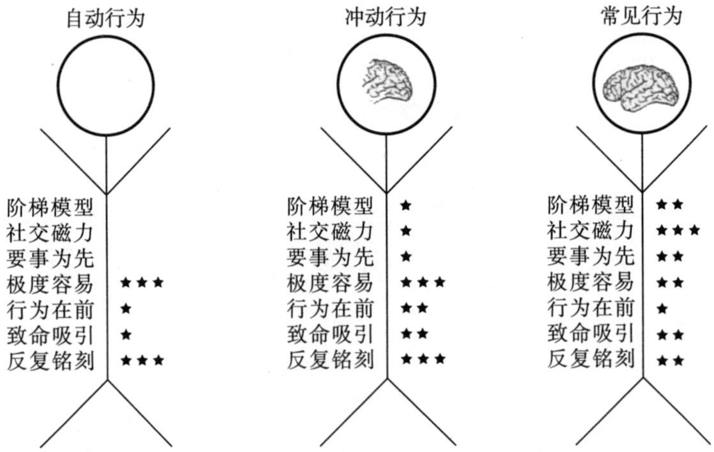

图 1-1　持续行动的 SCIENCE 模型

虽然我的研究聚焦于在医疗、商业和创业领域怎样改变他人的行为，但它仍然是建立在社会心理学基础之上的。因此，你可以运用这一科学方法改变自己的行为，让自己坚持锻炼，或者学习一种新乐器。

本书所讲的 7 种行动武器，为你提供了在任何背景下进行改变所需的方法。为了让你更轻松地理解这 7 种武器背后蕴含的广泛而深远的意义，我做了 3 件事：在每一章里，我会先从个人层面讲一个持续行动的故事；接着，我会用该章节的大部分内容来解释具体的一种武器；最后在章末，我会再讲一个企业成功运用该种武器的案例。

这本书算是科学、商业、心理自助类图书的综合体。针对如何将这 7 种武器运用到生活、工作中的不同问题上，我还提出了一些具体的建议。

在最后一章，我提出了一系列常见的挑战，比如，“我怎样才能不再吃这么多垃圾食品”“我怎样才能让一种产品或技术得到更多消费者的青睐”。所有这一切都来自客户的真实问题，或者研究参与者面对的真实困境。我将一步步地解释怎样累积并渐进地使用每一种武器。

在每一章里，我还会为你提供一些练习题，帮助你学以致用。本章的练习题是，想出一种你希望在生活或职场里有所改变的行为。你可以选择你希望改变的个人行为，或是你希望他人改变的行为，比如让消费者使用你的产品或服务。在你阅读第 2 章的过程中，请把这种行为记在心里，思考怎样运用所学知识去改变它。

行动练习清单
STICK WITH IT

找到你的目标

1. 审视你的生活或事业，问自己：哪些方面发生持久的改变能让你受益最大？
2. 选择一种你希望永远改变的行为——可以是自己的行为，也可以是要帮他人改变的行为。
3. 把希望改变的行为写在一张纸上，在阅读本书期间始终将这张纸放在身边。

STICK
WITH IT

第二部分

掌握 7 种行动武器的力量

STICK WITH IT

第 2 章

武器 1：阶梯模型

整合步骤、目标与梦想

只梦想着到达山顶并不会让我们接连不断地攀爬梯子。要坚持行动并实现持久的改变，不光需要梦想。

当你踏上梯子的第一级，接着手往上扶，迈出下一只脚时，你便能逐渐找到一种节奏，事情就会变得容易起来。每踏上一级，你的信心都在提升，让你有更大的可能性继续往上爬。这就是阶梯的力量。

布莱德·德尔森（Brad Delson）在洛杉矶郊外长大，他与在亚哥拉山居住的许多朋友一样，从小就想当个摇滚明星。布莱德小学时吹的是小号，但很快他就认定这不够“摇滚”，于是到了初中又改为弹吉他，因为这种乐器能让他看起来更“糙汉”些。上了高中，布莱德和他一个主音吉他手兼说唱歌手朋友麦克，还有一个打鼓的朋友罗伯一起组建了乐队。

之后布莱德离开亚哥拉山到加州大学洛杉矶分校就读，但这并不妨碍他继续跟麦克、罗伯一起玩音乐。布莱德的大学室友戴维是个贝斯手，他把室友拉进圈子后组建了一支叫“Xero”的乐队。在当地的乐队中，他们的表现还算不错。但等到布莱德毕业的时候，他们还是没能成名。当时布莱德在加州大学洛杉矶分校的成绩很好，上法学院是个稳妥的选择[1]。但在他心目中，音乐才是挚爱。

为了闯出些名堂，布莱德看遍了著名音乐人的传记或资料。几乎所有成功的音乐人都说：梦你所想。意思是，只要专注于梦想，任何人都能成功。

布莱德不止一次听到过这类故事——不仅来自音乐人，还来自喜剧演员、作家和政治家。他听到运动鞋广告里的职业运动员这么说，看到升入理想学校的学生在光荣榜上这样写。电视上也全是这类故事——那些追随梦想变成超级富翁的人全都这么说。所有的人都说，要把注意力放到结局上，要全身心地关注梦想。但布莱德隐隐约约地感觉，这幅通往成功的路线图指错了方向。

布莱德反省了自己的生活。他的学业很成功，但这有别于他对音乐的想法和对待方式。他对音乐有着宏大却相当模糊的梦想，但在学业方面，他能有条不紊地专注于短期成绩。美国学校一学期有整整 10 个星期，虽然平时无须为最终成绩思前想后，但一个学期里却需要越过太多的小障碍。比如在政治学课程上，他必须完成 3 篇分析论文，并参加期末考试。虽然在名为“从冷战时期到当下的政治”这门课程里，他的最终目标是拿到 A，但他并没有将注意力集中在成绩上，而是专注于前进中的每一小步：首先，要拿到教科书；其次，参加乐队排练之前读上 10 页书；最后，浏览课堂笔记，准备为论文写提纲。这就是他的做法。哪怕课程结束时有一场漫长而艰难的考试在等着，他仍然把注意力放在不起眼的小步骤上。这种方法让他在加州大学洛杉矶分校名列前茅，还能让他升入一所顶尖的法学院。

唯一的问题是，他不想去法学院，他仍然想当个摇滚明星。这个目标自小学四年级以来从未改变。但他真的能成功吗？

等一会儿我们再回来说布莱德。我要先跟你讲一讲我朋友奥利维尔的故事。

找到第一把梯子，投入全部精力

2012 年夏天，我到法国去拜访奥利维尔，他在阿尔卑斯山上有座漂亮的小屋。奥利维尔是一个热爱户外活动的家伙。我本以为自己也是，但很快我就发现，我俩对户外活动有着完全不同的定义。我们第一天的安排是全天候徒步登山。我们在路上摘了 10 多种蘑菇和若干种浆果，吃了美味的自制法餐。他告诉我，第二天的旅行会更棒。这是一条为期两天的徒步线路，目的地是一个很漂亮的景点。我说没问题。他问我以前是否攀过岩，我说自己有点儿恐高，但爬过一两次健身房的人工岩壁，没怎么被嘲笑就登了顶。他说，没问题的。

第二天一早，奥利维尔和我，还有他 72 岁的父亲一同出发了。天气十分晴朗，景色也异常秀美，为我生平仅见——道路两旁散落着五彩的石块，远处有白雪皑皑的山峰，不时还会冒出些野生动物。但经过前一天的远足劳累，再加上第二天又走了 10 多个小时，所以那天的攀岩之旅比我料想的困难得多。我的体力飞速下降。我问奥利维尔，当晚准备在哪里扎营过夜，他却摇摇头，说前面还有一段路要走。

当我们正准备绕过一座山时，我抬起头惊讶地望到左前方有一群人正在攀登一面近乎垂直的岩壁，这面岩壁直达山顶。我指给奥利维尔看，他兴奋地说："太好了！这样的话，我们前往营地的时间就能节省出很多了！"我吃不准他是说真的还是开玩笑，于是说："奥利维尔，我不想找死。我们还是绕远路吧。"奥利维尔的父亲对我这种美式的抱怨可不感兴趣，他催促我们赶紧去那座山的脚下。我抬头看着近乎垂直的岩壁，上面被人安置了一连串梯子，一直到山顶，但梯子之间并不相接。若要从一把梯子到达另一把梯子，人们需要沿着岩面狭窄的边缘走。要不然，你就得悬在上千米的高空中，抓着一条铁链，像猴子一样荡过去。

奥利维尔提出了理性的建议。“忘了山吧，别管梯子，也别想着要到山顶，”他说，“别想着提前规划出每一步，你只要全神贯注地看着下一级阶梯就行。”

奥利维尔向我保证，不管我需要什么，他都会立刻出现在我面前。但考虑到奥利维尔失聪，我可拿不准万一自己掉下山摔死时他能否注意到我。

不过，我还是接受了奥利维尔的建议，并专注于迈出第一步，还行。接着是第二步，也挺好的。再接着是第三步。

现在，你或许以为我要说的经验是停止幻想或者别再担心，但都不是。拥有远大的志向或者梦想让自己变得更好，一点问题也没有。但光有梦想可不行，光有梦想，你就通不过生活摆在你前进道路上的日常考验。

只梦想着到达山顶并不会让我接连不断地攀爬梯子，同样的道理，要实现持久的改变，不光需要梦想。当然，这个经验也不是让你放弃梦想，立刻行动。那也是行不通的，总之不是长久之计。

我要分享的经验是：找到正确的第一步，把所有精力都放在实现第一步上，然后花时间回顾进展。接着在第二步中重复这个过程。

STICK WITH IT

听从奥利维尔的建议，我爬完了第一把梯子。他的父亲正紧跟在我后面，我没有回头路了。我的身体很虚弱，但到了这个时候，一股迈上下一把梯子的力量涌了上来。我瞬间有了助推自己走向终点的能量。爬到山顶之后（见图 2-1），我硬撑着来到了指定的营地，喝了一碗汤，接着就倒头大睡。但在此之前，我记得自己如释重负地把平生记得的所有污言秽语，都冲着大山骂了出来。

奥利维尔和我完成了攀登法国境内阿尔卑斯山的旅程。摄影者：奥利维尔的父亲。

图 2-1　奥利维尔与我的合影

阶梯模型让你小步迈进，信心更强

回想一下你第一次爬梯子或岩壁的情形，兴许很吓人，但当你踏上第一级，接着手往上扶，迈出另一只脚时，你便能逐渐找到一种节奏，此时事情就会变得容易起来。只要你把注意力集中在下一阶上，而不是往下看，说不定还会感觉没那么紧张了。每踏上一级，你的信心都在提升，从而让你有更大的可能性继续往上爬。这就是阶梯的力量。

你兴许觉得自己早就知道这一点，毕竟阶梯的概念既不新鲜，也很容易理解，但实践起来并不容易。**人们在理性上或许知道自己应该朝着目标迈出一小步，但仍在规划太大的步子。**

这是有原因的。计划小步子难以让人兴奋起来，而做大梦带来的兴奋感要强烈得多。举例来说，你既可以下定决心在下个月参加婚礼之前减掉 5 千克体重，也可以安排今天就去健身房。今天决定去健身房能让你多兴奋？好像不怎么兴奋。如果你想要减掉的是可观的体重，那么，去一天健身房听起来就不怎么有意思，锻炼完之后你也不可能有太大变化。但梦想着减掉了每 1 千克令人烦恼的体重，走进接待大厅时让大家惊得下巴都掉在地上，才叫人兴奋呢！

这就可以解释为什么看到书里或者听到讲演人承诺说，一定能减掉 45 千克体重，或是赚到 100 万美元、让 1 亿人下载移动应用程序时，人们会满心欢喜。这太叫人兴奋了，而且这样的梦想能激励人们采取行动。但是，**要是人们把全部身心都放在实现远大梦想上，可能会造成相反的效果，因为梦想太大，也太远了，容易让人感到气馁。**

你或许会想，一边把精力集中在实现梦想上，一边规划着实现梦想的小步骤，这么做为什么也不行呢？答案的根源在于思维的运作方式，我们需要理解步骤、目标和梦想之间的差异。我将在后文解释这种差异。在此之前，我先重点解释一下“小”这个概念。

大多数人以为自己正在朝着目标迈小步子，但实际上他们的步子还不够小。毕竟，小的概念很主观。如果你让 5 个人列出完成同一项任务所需的所有小步骤，那么每个人都会想出不同大小的步骤来。

哪怕你告诉别人，要规划真正够小的步骤，也解决不了不够小的问题。那么，我们怎样才能让大家正确地利用阶梯的力量呢？根据我的经验，办法是：与其告诉人们要迈小步，不如让他们理解人的思维是如何运作的。只要人们能明白为什么自己规划的步骤太大，他们自然能够正确地使用阶梯的力量。

我们先从心理学的“锚定效应”（anchoring）着手，它是由诺贝尔经济学奖得主、心理学家丹尼尔·卡尼曼①和阿莫斯·特沃斯基②发现的。

① 丹尼尔·卡尼曼被誉为“行为经济学之父”，其携手决策领域专家奥利维那·西博尼和卡斯·桑斯坦共同推出的里程碑式著作《噪声》已由湛庐引进，浙江教育出版社于 2021 年出版。——编者注

② 阿莫斯·特沃斯基多年来专注于人类决策领域的研究，广受欢迎的心理学期刊《普通心理学评论》将其评为“20 世纪最具影响力的 100 位心理学家”之一。结集特沃斯基一生 14 篇精华之作的《特沃斯基精要》中文简体字版已由湛庐引进，浙江教育出版社于 2022 年出版。——编者注

如果我请你说出美国芝加哥市的人口数量，除非你本来就知道准确的数字，否则你大概会猜一下，然后给我一个你认为在合理范围内的数字。根据你对芝加哥市的了解程度，你兴许会说30万人、60万人或300万人。可如果我问你这个问题的时候，你正在沙滩上嬉戏，或者正在玩宾果游戏①，抑或是你身边的人正叫嚷着一些随机的数字，你的答案会有所不同吗？应该不会吧！毕竟，你的猜测是以你本身的知识和直觉为基础的。然而，锚定效应的研究表明，环境确实会改变人们的答案。不同的环境会让一个人把注意力集中在那些本不相关却能影响最终决定的事情上。

行动实验室 STICK WITH IT

锚定效应

有一个关于锚定效应的案例是这样的：把一群人分成两组，让他们分别估计芝加哥市的人口数量。但一开始，研究人员向两组人分别问了一个理应不影响回答的问题。第一个小组听到的问题是：芝加哥市的人口数量是大于还是小于500万人？第二个小组听到的问题则是：芝加哥市的人口数量是大于还是小于20万人？接着，研究人员让两个小组分别估计芝加哥市的人口数量。结果是，第一个小组对芝加哥市人口数量的估值远大于第二个小组[2]。为什么两个小组给出的答案差异这么大呢？因为他们在回答之前都听到了干扰数字（500万和20万），于是把这个数字当成了锚点（参照点）。

① Bingo游戏的音译，主要指一种填写格子的猜题游戏。——编者注

从广义上讲，这个例子解释了人们打算说些什么、做些什么，在一定程度上取决于当时的环境。

假设基思正在参加聚会，他静静地坐在沙发上。这时，聚会主办者问他要不要来点薯片。基思以为对方说的是给他一小碗薯片，于是回答，来点吧。为了保持身材，基思决定只从碗里拿五六片吃就好。可等薯片送来后，基思发现，这不是他心里想的那种小碗，而是满满一大袋。基思得到了比预期更多的薯片，于是他改变主意，决定多吃几片，而不是只吃最初计划的五六片。30分钟之后，他朝袋里一看，半袋薯片都没了。

基思本来只打算吃五六片薯片的，不应该因为别人给他的薯片多了就吃得更多。既然之前他有了计划，那么不管别人给他一小碗还是一大袋薯片，都不应该影响这一计划。但因为得到了更多的薯片，他不得不重新拿主意。于是他调整了计划，打算吃更多的薯片，以适应这一变化。

计划让自己或他人去做一件事的道理是一样的。人们为坚持锻炼或吃更健康的食物制订计划时，步骤的大小会根据他们想要完成的任务而有所变化。

大多数人在被要求写一份完成某事的步骤清单时，会想出3～10步。至于目标是大是小，全然不管。想一想这暗示了什么：若一个人完全专注于长期梦想，那么他的10步必然比达成较小目标所需的10步迈得更大、更辛苦。再加上，无法很快看到结果会让人格外沮丧，因此只专注于远大梦想会使步骤看起来较大，人们很容易没达到目标就放弃了。

以股市交易为例。可以在市场上赚钱的交易技巧有很多，很多从事这一行的人都知道这些技巧，可 60% ～ 95% 的人会亏钱，最终退出[3]。这是为何呢？

部分答案在于他们所关注的内容。大多数股民开始投身股市是因为他们有快速致富的梦想，如果你问他们有什么致富打算，他们往往会给出听上去挺合理的答案，比如“我会低买高卖”，或者“我会按照自己定下的规矩来”。但这些股民在大多数情况下还是会亏钱、弃股。

如果仔细观察这些股民，你就可以发现一些信号。就像看到一大袋薯片会让人自动产生吃更多薯片的打算一样，想象满箱满柜的钱会让这些股民产生“很快赚到许多钱”的打算。与之不同的是，采访那些一直很成功的股民时，我们总会发现：这些股民有着不同的思维方式[4]。他们没有把时间放在致富之梦上，而是专注于“本周不亏损”这类具体的短期目标。

人们往往以为自己规划的就是达成目标的小步骤，但实际上，他们设计的步骤相当大。那该怎样从小处着手设计步骤呢？为了解决这个问题，我设计了**“步骤、目标和梦想”这一阶梯模型。**

你设计步骤的大小应取决于你关注的是梦想还是目标。梦想比目标更大，一般要花 3 个月或更长时间才能达成，而且是你从未实现过的事情。比如，应用程序开发员第一次跨越 100 万次下载量大关。

提醒人们心怀梦想能帮助他们保持动力，但完全专注于梦想，则会令人最终放弃它。**我们应该把大部分的精力用来完成步骤和目标。**

目标是人们制订的过渡计划，分为短期目标和长期目标。完成短期目标通常要用 1 个星期到 1 个月的时间。长期目标通常需要 1 ～ 3 个月才能实现，比如学习一门新语言的基础知识。也有要花 3 个月以上时间才能达成的长期目标，但除非你以前完成过类似的事情，否则它就属于梦想的范畴。

例如，对大多数应用程序开发人员来说，实现 100 万次下载量是个梦想，但对一个已经成功开发过其他软件、实现了超 100 万次下载量的开发者来说，这就是个长期目标。如果你已经在某件事上积累了经验，你完成它就更具现实性了，这时，它成了目标而不再是梦想。

目标比梦想更容易量化。例如，跟“我想让一首歌实现 1 000 次下载量”这一目标比起来，“我想成为著名的摇滚明星”这个梦想要难以量化得多。

步骤大多只需要不到 1 个星期来完成，是实现目标的道路上要逐一完成的小任务。比如找一本西班牙语入门书，就是实现在马德里的小吃店准确地说出自己要点的菜品这一目标的第一步，而找到这本书用不了 1 个星期的时间。在日历上做好标注，把明天空出来用于写作，这便是迈向写完小说第一章这个目标的第一步。很多时候人们以为自己规划的是步骤，但其实规划的是目标或梦想。图 2-2 所示的模型有助于你设计大小合适的步骤、目标和梦想。

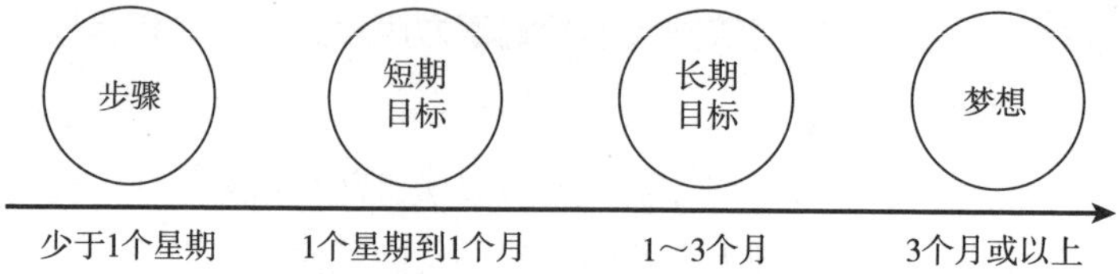

图 2-2 阶梯模型

一般而言，设定要花 1 个星期完成的短期目标，并规划出不到 2 天就能完成的步骤，是使用阶梯模型的关键[①]**。**

举例来说，在我们的研究实验室，学生和工作人员会列出一份随时更新的图表，描述下个星期打算完成的短期目标。有了这张图表，我们每个周末都会开会，讨论需要什么样的步骤才能及时完成这些事情。这张图表能让大家在开会的时候保持兴奋感，因为他们总能遵循计划、完成目标，坚定地走在通往长期目标或梦想的道路上。

这里有两个案例说明了该怎样运用阶梯模型来坚持计划。一个女乐手的梦想或许是成为著名的摇滚明星；她的短期目标或许是在一个星期内学会演奏自己心爱的歌曲。她完成短期目标的步骤可以是先选择一首歌曲，接着找到乐谱，然后安排专门的时段来学习，再在周五安排时间来准备演奏。一个教师的梦想可能是教育学生成为世界级领导人物，以此来改变世界；他的目标或许是在周末前找一个对数学感兴趣却学得磕磕绊绊的学生。他完成目标的步骤可以是先找到数学学得磕磕绊绊的学

① 此处是以我个人的经验为基础的，我不知道是否有研究给出了人们为不同目标设定的理想时长。具体时长，应该取决于是一个人独立工作，还是跟他人合作。

生，然后找专门的时间邀请学生一起讨论数学。

阶梯模型是把步骤、目标和梦想整合到一起的理论。在这一模型中，梦想是重要的动力。但完全专注于梦想，会把步骤规划得太大，以至于半途而废。目标才是关键，你需要专注于完成具体的小目标，校准思路，并正确运用这一模型。只有这样才能让改变更加持久。

STICK WITH IT

一开始，你说不定会觉得设定一个个阶梯太难了。毕竟，阶梯模型依赖于你能否准确地预测实现某件事需要多长时间，但人们不见得总是精于预测。这就是为什么我会建议你找 3 个值得信任的人来帮忙的原因。你要先自己设定目标，再征求他们的意见，看看你设定的目标是不是真正的目标。如果他们说你要花 3 个月以上的时间才能完成它，那么它说不定就是梦想。把梦想刻在脑海里以保持动力，接着选择一个要用 1 个星期到 1 个月的时间来实现的真正的短期目标，然后去规划实现该目标的小步骤。

阶梯模型为何有效

你必须理解，阶梯模型不是实现梦想的准则，它只是让你走在正轨上的准则。使用该模型的人不太可能半途而废，且更有可能努力达成目标，这反过来也能帮助他们实现梦想。

即便阶梯模型的原理很容易理解，要把这套理论用到生活和工作中也并不简单。但我们需要用它来达成目标，实现梦想，因为科学证明它管用。

阶梯模型管用的原因有很多，其中最简单的解释是渐进的力量。我会在后面的章节中介绍其他的解释。现在以跑马拉松为例，人们都知道徐图缓进对马拉松训练的重要性。

在参加马拉松比赛之前，一般人通常要训练好几个月。但我有个朋友却不信。他认为，虽说自己以前没参加过马拉松比赛，但只要凭借坚强的意志，哪怕训练不多，也能跑完全程。换句话说，这其实是个梦想。比赛当天，他起初表现得还不错，但跑到 30 千米的时候身体撑不住，直接倒下了。如今他说，这辈子都不要再跑马拉松了。

跟我的朋友一样，如果你想在未经训练的情况下参加马拉松比赛，那么你会碰到两种结果：成功或者失败。如果你成功了，那非常好；可要是失败了，你恐怕就不会兴奋地继续跑下去了。反过来说，要是你先设定一个短期的小目标，比如只要感觉舒服，每次就多跑 3 千米，再辅以有助于达到短期目标的小步骤，比如学习呼吸技巧等，那么你便可以逐渐提高自己的能力。你可以先以持续不断地跑上 8 ～ 13 千米为目标，接着再以连续跑 16 ～ 25 千米为目标，如此练习，最终达到全程马拉松的距离。

STICK WITH IT
行动实验室

阶梯式减肥法

有一项研究验证了这一练习方式的效果。实验人员找来 126 名体重超标的女性，请她们尝试在 6 个星期内减肥。这些女性每个星期都会填写调查表。调查表分成两类：一类着眼于询问她们对按照阶梯式减肥法安排日常饮食的感受如何，另一类则聚焦于她们减掉大量体重的梦想。那些关于饮食安排的问题，询问的是一些具体的事情，比如："上个星期，你对自己吃低热量和低脂肪的食物有什么感受？"那些关于梦想的问题就比较宽泛了，比如："上个星期，你有没有想过，体重减轻后你会是什么样子？"研究人员测量了哪个小组的人更能坚持饮食计划。结果发现，专注于阶梯式减肥法的女性在 6 个星期的研究过程中坚持健康饮食的可能性更大，她们还比另一组女性减去了更多的体重。事实上，那些专注于梦想的女性体重不减反增[5]。有许多研究证实了这一原则：**为了改变行为，要关注的是日常过程，而不是关注结果**[6,7,8]。

研究行为经济学的科学家对阶梯模型为什么有作用有了不同的解释。他们称之为跨期选择（intertemporal choice）或延迟贴现（delay discounting）：人们为能很快得到且小的奖励赋予的价值，高于延迟到来的大奖励的价值[9]。换句话说，人们青睐于迅速看到结果。这种理论是怎么运用到阶梯模型中的呢？与专注于梦想相比，专注于小步骤可以让人们更快地实现自己的目标。专注于小步骤也能让人们更快乐、更积极地继续尝试，因为他们得到了更多的奖励。比方说，你开展了一项新的咨询业务，就不要光想着长期的奖励，比如不要想着等拿到第一笔丰厚的酬劳之后去挑选办公空间、买新车，而应该着眼于步骤，安排明天就跟两位潜在客户见面。针对延迟贴现的研究会告诉你，做后一件事，你会更快乐，而且它还能让你坚持执行计划。

基于大脑对奖励的反应，神经科学研究也揭示了阶梯模型为何会引发持续行动。每当大脑接收到奖励的刺激时，一种强效的化学物质——多巴胺就会喷涌而出，让人感觉良好，于是人们想要重复能产生奖励刺激的行为，以便再次感受相同的化学物质带来的良好感觉。吃巧克力、赚钱或是享受愉悦的性行为，都能刺激大脑分泌这种诱发愉悦感的化学物质，让人想要再来一次。有趣的是，大脑是从相对而非绝对价值的角度来理解奖励的。

行动实验室 STICK WITH IT

大脑对奖励的反应取决于预期

有一项神经科学研究检验了这个过程。研究人员发现，如果一个人期望得到小的或者中等的奖励，最后得到了中等的奖励，大脑会释放多巴胺。但如果有人期望获得中等的或大的奖励，最终却得到了中等的奖励，那么大脑就不会释放多巴胺。以罗伯特为例，如果他期望得到 1 美元或 5 美元的奖励，最后得到了 5 美元，他的大脑会释放多巴胺，因为他获得了期待中比较大的那份奖励。但如果他期望得到 5 美元或 25 美元，最后只得到了 5 美元，那么他的大脑就不会释放多巴胺，因为他只得到了期待中比较小的那份奖励。在这两种情况下，虽然罗伯特都得到了 5 美元，但因为他的期待不一样，所以当他的所得超过预期时，大脑会释放多巴胺，而所得低于预期时，大脑便不会释放多巴胺[10]。

怎样将这一原理运用到阶梯模型中呢？**人们感觉良好并不取决于其实际实现了什么目标，而取决于他们期望达成的目标。**健身房的新销售员或许拥有下个月招揽 100 个会员的小梦想，但如果他的目标是本周招到 10 个会员，最后实现了，那这跟他下个月招到 100 个会员带来的愉悦感几乎相当。接下来他可以再设定一个小目标，比如下周招到 20 个会员，如果他实现了这个目标，同样能激发多巴胺。这会让他感觉良好，并渴望继续努力。最终，无须等到年底实现招到 1 000 个会员的大梦想，他靠着完成每天和每个星期的小目标，就能感觉一天好过一天，而且，他还有更大的可能实现一年招到 1 000 个会员的大梦想。

看到这里，你大概已经明白了，为什么阶梯模型很重要。但你兴许会问，怎样在生活中正确地运用它呢？运用到什么地方才合适呢？在接下来的部分，我将举例说明应该怎样在生活和商业中运用阶梯模型。

阶梯模型如何助力生活目标达成

里希·德赛出生于美国加利福尼亚州奥兰治县的一个印度裔家庭，他是个聪明的孩子，学习很好，14 岁就高中毕业了。但里希在社交上遭到了孤立：他焦虑、笨拙、特别容易害羞。自然，他也很孤独。像其他青少年一样，他梦想能结交朋友，拥有正常的社交生活。他得知自己被加州大学洛杉矶分校录取了，9 月就要变成一个 14 岁的大一新生。他知道，自己必须做出一些重大改变，否则就会一个朋友也交不到，孤零零地度过大学时光。但他能做些什么呢？

高三的时候，里希决定靠聪明才智为自己制订一个计划，结交朋友，获得快乐。计划主要是通过小步骤和小目标来锻炼社交技能，目的是逐渐让自己擅长社交。他打算强迫自己去接触陌生人，并与之交谈一段时间。一开始找人闲聊 1 分钟，一旦成功，时间便增加到 3 分钟，接着是 5 分钟，最终，他就能跟陌生人展开长时间的交谈了。为了增强挑战性，他会寻找各种各样的人，包括男女老少，以及来自不同的种族、拥有不同背景的人。这看上去像是一项令人畏惧的任务，毕竟他没有朋友，也没有结交朋友的经验。他怎么才能走近陌生人，练习跟他们对话呢？他意识到，自己可以从更小的步骤开始。

当时是 1997 年，ICQ 和 AOL 等即时通信软件风靡一时。里希决定从 ICQ 着手执行社交计划，这样他就不必真的接触人，也不用担心跟人面对面交谈了。如果大声念出 ICQ 这 3 个字母，你会发现，它的发音与 "I seek you" 相同，意思是 "我在寻找你"。ICQ 的 "与陌生人聊天" 功能会让两个人随机配对聊天。一开始，里希设定的每周目标是：跟陌生人（不分男女老少）短时间聊天。他很快就适应了，跟陌生人聊天的时间也增加了。

在升入加州大学洛杉矶分校后，里希为自己的计划增加了难度。具备了在聊天软件上结识陌生人的能力之后，里希觉得可以将这套流程运用于真实的面对面交谈。但是现实世界的对话会把社交难度提升到他不习惯的水平，所以他打算回到跟陌生人聊天 1 分钟这一简单的步骤上。他走过宿舍大厅，看到了一个不错的姑娘，这正是个好机会。他拿出自己跟人在线交谈得来的信心，上前跟她闲聊起来。谈话进行得很顺利，他成功地完成了小目标。

里希继续坚持这套设定小步骤、达成小目标的计划，并且很快就结识了许多朋友，其中有不少至今都跟他关系密切。这些朋友只知道他是个开朗、外向的人，根本看不出那个带着怯意、笨手笨脚的 14 岁男孩的一丝影子。坚持克服羞怯的过程帮助里希取得了巨大的成功。在工作中，他利用自己的网络技术专业知识，连接并影响了整个世界。

里希现在是个功成名就的医生，他创办了世界知名的可汗学院医学课程，通过引人入胜的短视频向孩子们讲授医学知识。正是这种阶梯式的计划让他能够坚持社交。如今，不管是在家庭聚会还是在社交活动中，他总会有意识地在房间里走动，尽量多地跟人结交，去关心对方的生活。坚持改变的过程，让里希赢得了成千上万人的尊重。而这一切都始于他在 ICQ 上的第一次闲聊。

如果你的努力方向并不是让自己变得更善于社交，你只是想坚持一个简单的爱好，比如学习一种新乐器，那又该怎么办呢？

关于北印度古典打击乐器塔布拉鼓，现存最古老的记录可追溯到公元前 200 年的马哈拉施特拉邦[11]。一对塔布拉鼓由两面鼓组成：一面是需要用右手拍打的较小的高音鼓；另一面是由左手拍打的较大的低音鼓。由于塔布拉鼓存世已久，因此新鼓手要学习数百年积累下来的演奏规则和技巧。但在大多数西方音乐中，演奏大部分乐曲都会使用一种常见的节奏模式，比如你上钢琴课或单簧管课时，老师就会教你一种 4/4 拍模式，而印度音乐有几百种节奏模式。此外，每面塔布拉鼓的发音方式至少有 9 种，并且每种发音方式还有许多不同的名字。

如果你去印度餐厅，可能就会听到背景音乐中的塔布拉鼓声。只不过和大多数刚接触塔布拉鼓的乐手一样，你大概不会注意到它有着复杂的节奏模式和演奏风格。它听上去就跟给印度西塔琴伴奏的鼓差不多，所以初学者会认为它学起来很容易。其实不然，很多初学者还没学会演奏就放弃了。这就让教印度音乐的老师很为难，他们必须弄清楚怎样才能让学生们坚持学习下去。

让我们来听听塔布拉鼓大师阿比希曼·考沙尔（Abhiman Kaushal）是怎么说的。考沙尔会教学生从一种叫作“啵儿”（bol）的简单节奏模式开始学习塔布拉鼓，并且让学生反复练习。但大多数学生是住在洛杉矶的年轻人，他们并不想花 1 个月的时间来练习这种简短到 5 秒就能敲完的节奏模式。这些学生学习塔布拉鼓是因为梦想着能跟其他乐手一起即兴演奏。正是因为他们完全聚焦于实现梦想，所以他们常常抱怨说自己厌倦了这种初学者必须学会的基本节奏模式。“我什么时候才能跟其他乐手一起登台演出呢？”他们问考沙尔。

考沙尔叫学生别把注意力放在这个问题上。他告诉学生，应该把期待放在敲打出正确的声音和节奏这个目标上。实现这个目标可能需要几个月的时间，在此期间学生们需要完成一系列步骤，比如学会怎样将手指放在正确的位置。考沙尔向他们保证，只要把注意力放在学习正确敲击出节奏的目标上，其他的梦想将随着时间的推移自然出现。回顾数十年的教学经验，考沙尔发现，那些专注于学会即兴演奏这一梦想的学生退学率特别高，而专注于短期目标、一点一点慢慢学习的学生，能长期甚至终身坚持演奏。

行动实验室 STICK WITH IT

阶梯式学习法

和考沙尔教给学生的方法一样，家长和老师也需要从一开始就教小孩子关注阶梯式的方法，尤其是在学业上。在纽约市开展的一项相关主题研究中，研究人员在两年的时间里跟踪调研了 373 名七年级学生的成绩，并让学生们接受测试，以检验他们是更专注于梦想，还是阶梯式学习法。两年后，那些专注于阶梯式学习法的孩子逐渐取得了更好的成绩，超过了那些专注于梦想在期末考个好成绩的孩子[12]。在后续研究中，孩子们接受指导，要以更渐进的方式去思考。最终，这些孩子在学业上有了长期且持续的进步[13]。该研究再一次揭示，人们应该更多地关注短期目标而不是长期梦想。

选择合适的技术可以帮助我们迈出小小的第一步。苏珊·布朗（Susan Brown）在多年前患了严重的脑卒中，医生告诉她，她再也无法走路了；罗伯托·萨尔瓦铁拉（Roberto Salvatierra）有广场恐惧症，害怕开阔宽敞的空间，只能待在屋子里，不敢出门；约翰·道利（John Dawley）患有孤独症，他很难理解一些社交信号，难以和他人建立关系。然而，他们每个人都成功地克服了自己的困难，实现了持久的改变。他们利用了一种构建虚拟世界的技术，帮助自己专注于步骤和目标，而非长期梦想。

就跟里希利用聊天软件一样，治疗师和医生会借助游戏《第二人生》（*Second Life*）及虚拟现实设备来治疗有着身体或心理障碍的患者，让他们在虚拟环境下专注于短期康复目标，从而最终痊愈。《第二人生》是一个拥有大约100万个玩家的在线活跃社区，玩家们的虚拟形象可以在虚拟建筑的房间里走动，彼此交谈，甚至裸泳[14]。《第二人生》的玩家很喜欢这款游戏，因为在游戏中，他们既可以按照真实生活中理想的方式来着装、交谈和行动，又无须承受随之而来的压力或恐惧。

在游戏中，患者可以先选择一个虚拟形象登录游戏，其中虚拟形象可以是人形的，也可以是西瓜等物体。接着，患者用该虚拟形象参与虚拟世界的生活。

心理疾病患者，如广场恐惧症患者、焦虑症患者、抑郁症患者，以及出现创伤后应激障碍的退伍军人，都可以将进入虚拟世界作为应对恐惧的第一步。害怕走出门外的人根本不必出门，通过虚拟世界，他们可以把注意力集中在出门会是什么感觉上，而不必真的进入现实世界去体验。他们也可以暂时忽略与现实世界中陌生人互动的梦想，将注意力聚焦在小的步骤和目标上。迈出创建一个在线虚拟世界账号这样小小的一步，就能产生一股强大的力量，把他们引到与现实世界建立联系的道路上。

虚拟世界的游戏不仅可以充当治疗心理疾病的阶梯，帮助脑卒中患者逐渐康复，还有助于改善公众演讲能力、提高销售业绩，甚至能让人在自由沙滩上也感到很舒适[15, 16, 17, 18]。

阶梯模型并不局限于帮助个体坚持个人计划，它还可以运用到商业环境中，让他人坚持做某事，比如坚持使用某个移动应用程序。

阶梯模型如何帮你实现商业目标

阶梯模型有两个重要的组成部分。第一个部分是使用模型来规划恰当的渐进步骤、目标和梦想。

我们通过苹果手表、运动手环和智能手环等可穿戴设备来举个商业方面的例子。可穿戴设备制造商在技术上押了重注，希望能给大众带来持久的健康行为的改变。这些可穿戴设备给从不锻炼的人展示步数，动员这些人每天都出门走路（梦想）。这些设备也为用户提供了可以实现的量化目标，比如每天走 1 万步。等用户每天走到 1 万步之后，又会出现另一个目标。这听上去似乎是个阶梯式的方法，其实不然。没错，给人们设定每天 1 万步的初始目标包含了渐进式的步骤，但对大多数人而言，把每天走 1 万步当成起点有点过分了。虽然可穿戴设备制造商认为这是个目标，实际上它却是梦想。大多数人每天的步数不到 5 000 步[19]。让他们连续走 1 万步简直是个天大的玩笑，人们不仅需要提高自己的健身水平才能走出比平常多 1 倍的步数，还需要挤出时间来。这可能意味着人们要调整时间表，或是把步行计划的优先级放在其他活动之上，整个转变过程恐怕需要花上几个月。设定了走 1 万步这样遥远的梦想，人们享受不到实现小目标后因多巴胺释放而带来的愉悦感。所以，我们得把目标设定得更小些，好让人能够完成，并且感觉更好。

把阶梯模型整合到这些可穿戴设备或者用户的健身习惯中，最简单的办法不是让用户关注走出 1 万步的梦想，而是找出每个用户一天通常会走多少步，再给他们一个起始目标，让他们在 1 个星期里每天只比通常要走的步数略多一点。这样，用户就能规划并实现自己的目标步数了。等用户实现了这个目标，比如 6 000 步，下个星期他就可以继续增加目标步数。这才是阶梯式的方法。

阶梯模型的第二个重要组成部分是回想。回想指的是回头想一下自己是如何成功地完成这件事的，并小小地庆祝一下。但也用不着因为达到了走 6 000 步的目标就邀请亲朋好友来参加聚会，你只需要默默地在内心庆祝几秒就行。这个部分的关键在于回想的过程能让你意识到自己做得很好，实现了目标。

不仅坚持个人行为要重视回想，让客户坚持商业行为也一样。人们是怎样回想个人行为的很容易看出来，比如可以通过吃一顿美食，也可以花上一分钟时间来庆祝自己今天去了健身房。但怎么把回想整合到商业行为中呢？举例来说，如何让你的客户回想他使用你们的产品或享受你们的服务完成了哪些步骤呢？

心理诊疗为怎么将回想整合到商业行为中提供了一个好榜样。对于为期一周的疗程，诊疗师会请患者谈一谈自己在上周有哪些好的表现，比如遵循了诊疗师的建议，在焦虑时采用了呼吸放松法。随后，诊疗师会让患者说说诊疗的进展情况，并向他们表示祝贺，引导患者去回想自己的进步，使其更有可能在以后继续使用这种治疗方法。

产品设计师也可以使用回想法，并在产品中设计一些元素，从而让用户思考产品如何改善了自己的生活。例如，我们的数字行为中心着手开发的一款应用程序，能帮助人们坚持达成新年愿望。该应用程序会把回想整合在日历页面里，当用户完成了每天的小步骤后，都要去访问日历，此时日历页面会提醒他们把手指放在日期上，思考个人的进度。由此，应用程序可以让用户回想自己是否成功坚守了新年愿望，并有助于实现行为的持久改变。

这种回想的过程，有助于建立起心理学家所说的自我效能（self-efficacy）[20]。自我效能在这里指的是“改变是可实现的”这一信念。人们通过回想过去的进展，意识到自己既然能完成上一步以及上上步，那么也理应能完成下一步。但仅是告诉人们怎样改变，不足以提高他们的自我效能。要用问题、奖励或对话让他们意识到自己已经取得了成绩，这一点极其重要。

值得一提的是，**只有在认为自己完成了当下步骤的时候，才应该回想上一步**。要不然，回想的作用恐怕就会适得其反。比方说，有个想要减肥的人正在改变饮食方式。如果他站上体重秤，发现自己的体重不减反增，那么此时立刻让他回想，恐怕就会起到相反的效果，更容易让他放弃饮食计划。

现在回到本章开头提到的心怀摇滚之梦的吉他手布莱德这个例子上。

我 19 岁时是加州大学洛杉矶分校民族音乐系的一名学生，跟我弟弟和另外两个朋友组建了一支乐队，我担任贝斯手。我们喜欢在一些聚会和音乐节中演出，梦想成为摇滚明星，跟全世界分享我们的音乐。我知道自己跟弟弟会一直一起玩音乐，所以我既跟自己的乐队保持联系，也出于兴趣，会跟其他校外乐手联合演奏。

阿什坎就是校外的乐手之一，他是我的朋友，也是一名主唱兼说唱乐手，来自格伦代尔。他邀请我跟一支名叫“Xero”的乐队见面。该乐队正在寻找贝斯手，阿什坎认为我很合适。我先见到了这支乐队的鼓手，我们玩得很开心，并打算下个星期跟乐队的其他人再碰个面。

那天，阿什坎在我大学宿舍外面按着丰田车的喇叭催促我。我一把抓起贝斯，冲到楼下，跳上他的车。车里还有 Xero 乐队的另外两名乐手。麦克坐在前排，他戴着一顶无檐帽，有点像 20 世纪 90 年代末的摇滚说唱乐队林普巴兹提特（Limp Bizkit，也叫“软饼干”）的成员形象。乔是乐队的 DJ，和我坐在后排的座位上。乐队还有两名队员不在车里。其中一名是我之前见过的那名鼓手，他正在排练室等我们。另一名吉他手也是加州大学洛杉矶分校的学生，他正想着干一番跟音乐相关的事业，不去上法学院，他就是布莱德。

一走进他们的排练室，我立刻就被打动了。我自己的乐队排练时，大家会挤到我弟弟位于西好莱坞的一个狭小车库里。每一次练习，我们都会尽量迅速地完成一遍曲目，以免被隔壁 11 岁的“小朋克”打扰，因为他会打开车库门，偷我们的歌单和乐器，要不就是让我们买他的柠檬水——柠檬还是他从我弟弟的冰箱里偷的。但 Xero 乐队可不一样，他们非常专注和专业。这里不仅没有小“捣蛋鬼”，他们还给前来试演的贝斯手们准备了一排座位。他们告诉我，演奏之前他们要先处理一下乐队事务。

排练室的房顶上挂着一块白板，上面写着乐队的名字 Xero。一支车库乐队拥有一块商用白板，真叫人过目难忘。排练室的黑板上写着一份短期的目标清单，都是他们最近想要完成的事情，还罗列出了为完成这些目标每天要采取的步骤。有一些聚会和音乐会的排期，他们也在日历上专门标了出来。影视音乐界的一个人跟他们关系不错，能帮他们拉到一笔配乐生意。他们互相碰了碰拳头，为这笔生意庆祝了一小会儿，然后重新为接下来的步骤设计策略。跟我们乐队天马行空的谈话不一样，他们之间的任何对话都不涉及远大梦想，比如成为粉丝众多的摇滚明星。Xero 乐队完全专注于接下来的小目标，以及实现这些目标的具体步骤。

他们理顺了乐队的业务，随后我们开始即兴表演。我在那里度过了一段愉快的时光，他们邀请我加入乐队，我很高兴。让我感到为难的是，他们要求我务必退出我现在的乐队。可我还不想放弃我和弟弟的乐队，所以我试图说服他们，说自己同时服务于两支乐队也没问题。但他们不答应，他们都很专注，也知道自己的乐队需要一个全身心投入的人。

我跟 Xero 乐队自此失去了联系，但几年后，他们把乐队的名字改成了林肯公园（Linkin Park），并取得了巨大的成功。几年后，我参加了他们在布拉格的一场演出。演出结束之后，我追上了他们，与他们聊起实现梦想的途径。很明显，他们一直专注于步骤和短期目标。那天晚上我们只聊了一小会儿，因为他们第二天早上还要到查理大桥拍视频。若是其他乐手，可能会用一整夜来开派对，不考虑对未来的承诺。但他们不一样。

林肯公园有一股力量，让他们坚持表演，走向成功。相较那段时期大多组建不到一年就宣告解散的其他乐队，林肯公园获得了持久的成功。成立后的 10 多年来，这支乐队始终在音乐排行榜上名列前茅，获得了至高的成就和地位，卖出了 6 000 多万张唱片[21]。但这不足以让他们放弃阶梯式的方法。他们仍然专注于成为音乐人的小步骤。而这让事情有了截然不同的结果。

想一想你去浏览网站或下载新手机应用程序时的情形。你在登录或注册过程中的感觉如何？如果你已经注册过若干个网站或应用程序，应该遇到过被要求填写太多信息的场景，比如你的用户名、密码、出生日期、性别、电话号码等。说不定，它们还会抛出其他一些问题，比如你最适合接电话的时间，你一年级老师的名字，你喜欢在墨西哥卷饼里放绿色沙拉还是红色沙拉。你恐怕不会高兴地填完这份信息表，或者继续使用这款应用程序。提供私人信息的要求，总让人感觉隐私权受到了侵犯。而且在你还不知道这些应用程序到底会提供什么样的服务时，应用程序创建者就跳出来要你提供这么多数据，这也让人感觉不太愉快。

在一款应用程序的开发阶段，考虑利用阶梯模型，让用户逐步填写信息，可大大提高用户的参与度和留存率。这样说有两个原因。首先，利用阶梯模型来让用户慢慢地提供信息，用户不会一下子不知所措。只回答少量的问题，也会让用户感觉更舒服。

其次，利用阶梯模型能让用户先同意使用一款产品。用户可以通过小步骤来逐渐接受并认同产品。虽然开发人员在开发出最终的产品后会非常兴奋，迫不及待地希望看到这种新技术将怎样帮助用户解决日常任务，如完成税收申报，甚至是照顾宠物狗。但用户需要时间来理解所有这些功能，开发人员必须等到用户准备好去挖掘软件所能做的一切。比方说，如果用户是第一次使用这款软件，软件就向用户显示太多的按钮，这就像让用户完全专注于长期梦想：软件最终能给你带来些什么。可用户并未对此做好准备，这可能导致他们还没有看清产品的潜力就迅速退出注册页面。

所以一开始，不要给新用户展示软件的所有功能，而要带着他们一小步一小步地“上船”巡视。开发人员会知道用户什么时候准备好接受更多信息的，因为只有接受的用户才会去点击类似“下一步”的按钮。这样的简单步骤能告知开发人员：用户做好准备，想要对应用程序有更多了解了。而这能让开发人员进一步完成诸如“让用户在 1 个星期内连续每天登录、使用该产品”的目标。先让用户接受简单的功能步骤，再让他们看到更复杂的功能步骤或者要求用户提供更多的个人信息，这样才能提高用户的参与度和留存率。

我在一项研究中考察了用户参与度各不相同的 1 000 多款手机应用程序。我想弄清应用程序成功的背后有哪些原因。我发现，大多数成功的应用程序都运用了阶梯模型，特别是在初始阶段。

以“减肥宝”（MyFitnessPal）为例，这是一款激励大家锻炼、健康饮食的应用程序，在引导用户上手方面做得很棒。

它是怎么做的呢？“减肥宝”的第 1 屏只有 2 个按钮，要求用户使用电子邮件地址或社交账号注册，填写密码。等用户阅读完使用条款和说明后，第 2 屏会向用户提出一个问题，并给出 3 个选项：你的目标是什么？减肥 / 保持体重 / 增重。回答完这个问题后，用户可以看到第 3 屏。这一屏又问了用户一个问题，但有 4 个选项：你的运动量怎样？很少运动 / 少量运动 / 中等运动 / 大量运动。接着，用户完成注册，进入主页。

应用程序的第 1 屏给出了一个问题，用户只需要按 2 个按钮作答；第 2 屏问了一个问题，需要三选一作答；第 3 屏又问了一个问题，需要四选一作答。这一切纯属巧合吗？我不这么认为。“减肥宝”借助阶梯模型，逐渐增加用户看到的按钮数量，让用户只关注最初的小步骤。研究证明，**如果选项太多，人们很难做出决定**[22]。“减肥宝”想办法让用户容易选择，克服了这一心理障碍。这种让用户慢慢接受的渐进过程，有助于解释为什么“减肥宝”拥有 6 000 多万名注册用户，其中 90% 以上的用户完成了部分锻炼计划[23]。

逐渐提高投入度或难度，可以让用户坚持使用产品。

STICK WITH IT

请注意，在“减肥宝”第 1 屏（注册屏）上，有 2 个页面（见图 2-3），每个页面分别有 2 个按钮。接着，用户进入第 2 屏，这里列出了 3 个按钮。按钮从 2 个增加到 3 个，就是在逐渐提升用户的投入度。与之前的第 1 屏相比，用户在第 2 屏上要稍微多花些精力，因为这里多了 1 个选项，这也提高了用户继续使用“减肥宝”的可能性。在接下来的第 3 屏，用户会看到 4 个选项。从 2 个选项增加到 3 个再到 4 个，会让用户投入度呈递增趋势，也让用户有更大概率继续使用这款应用程序。

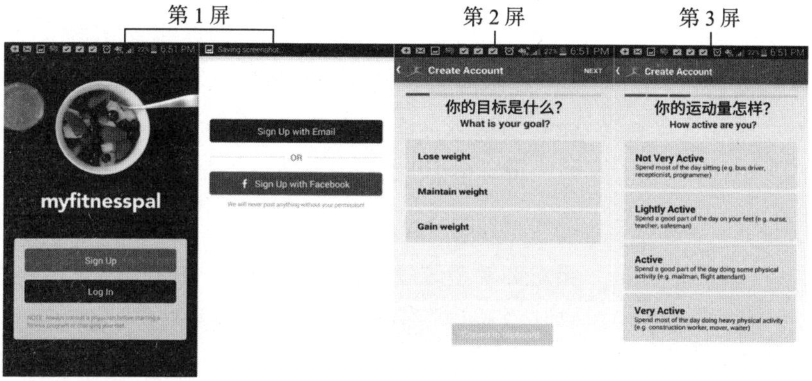

图 2-3 “减肥宝”截图

人们常常因为未能改变行为感到精疲力竭。如果每一年你都要许下一个“多运动”的新年愿望，却年年失败，那么你会很自然地逐渐变得沮丧，认为持续行动根本做不到。如果你是个企业家，你创造的每一种产品都没有回头客，你可能会开始怀疑自己是不是太失败了。其实，你并不是失败了，非但如此，你还完全可以成功。

改变行为并不容易，也不会奇迹般地发生，但你做得到。你用不着是个超人，甚至用不着像其他人那样做，你只需要遵照正确的流程完成每一步。你需要诚实地回答如下问题：“我是在尝试完成计划的第一步或者目标，还是说，这个计划只是一个遥远的梦想？”阶梯模型将帮助你找到答案，教你学会怎样真正地从小处着手。它会让你坚守在完成步骤和目标的道路上，甚至引领你实现梦想。

行动练习清单
STICK WITH IT

创建步骤、目标和梦想清单

1. 拿出在上一章练习中写的那张纸，看一看你希望持久改变的行为。你可能写的是要多锻炼、深夜少吃零食，或是早点睡觉；也可能是与工作有关的事，比如让员工更开放地接受新流程、提升管理团队的决策能力，或是让用户继续使用你的产品。
2. 无论你希望改变什么，都可以使用阶梯模型，并找 3 个你十分熟悉、能向你提出诚实意见的人，让他们告诉你，你的计划到底是遥远的梦想，还是现实的目标。
3. 在下面的横线上写下你的梦想、短期目标，以及你为了达成目标所需的步骤清单。

你的梦想是什么？ ______ ______ ______

你的目标是什么？ ______ ______ ______

你制订的步骤有哪些？ ______ ______ ______

4. 现在，你已经创建好了步骤、目标和梦想清单，请花上片刻，庆祝自己完成了清单。
5. 照着清单上的第一步去做，做完之后再次同自己庆祝一下，你已经开始改变，而且走上了正轨。

STICK WITH IT

第 3 章

武器 2：社交磁力

社群的力量会影响个体的行为

社群创造了社会纽带，让人们组成一支拥有共同使命的团队，彼此凝聚在一起完成任务，就像磁铁吸附金属一样。哪怕人们出现无聊、失去动力或疲惫的情况，磁力的存在，也能让他们无法停下正在做的事情。

亚尼娅·拉利奇（Janja Lalich）并不是一个迷信的人，她聪明，受过良好教育，出生于美国威斯康星州一个富裕的家庭。几年前，她还是富布赖特研究学者，住在西班牙，后来又心怀创造美好世界的梦想[1]，搬到了旧金山。既然亚尼娅不是迷信的那种人，她后来怎么会加入一个非法组织呢？

1975年，亚尼娅刚到旧金山的时候，这座城市依然涌动着一股社会变革的激情。她欣喜地加入了一个看起来充满活力的社会团体，也很高兴结交到跟自己有着共同理念的新朋友，并渴望积极变革社会。

亚尼娅之所以能加入这个社会团体，是因为她在一家书店兼职打工时，同事邀请她参加一个学习小组。在学习小组，亚尼娅遇到了另一些志趣相投、渴望创造美好世界的女性，还受邀与之共同生活。她也听取了学习小组领导马琳·狄克逊（Marlene Dixon）的教导。

马琳是麦吉尔大学前社会学教授，在执教生涯中，她很快集聚了一群理念与自己相同的学生。由于马琳和麦吉尔大学校方的关系日益紧张，她决定停止教学，成立一个社会团体，它就是亚尼娅学习小组的主办方[2]。

亚尼娅对自己在学习小组里看到的事情感到心潮澎湃。马琳反对种族主义的观点给她留下了深刻的印象。亚尼娅也渴望获得加入女性社会团体带来的归属感。

亚尼娅决定加入这个社会团体。她受到新朋友们的热烈欢迎，并在社会团体的指导下很快获得了清晰的人生目标。她与社会团体的成员结成了纽带，给自己取了个新名字，并把自己赚的每一分钱都贡献给集体事业。当该团体让她运营下属出版公司，并在全国性贸易展会上推广时，她受宠若惊。亚尼娅觉得自己正在为了一个宏大的目标而奋斗，这个团体需要她，一如她需要这个团体一样。这让她格外兴奋。

当然，有时候亚尼娅也会有所动摇，比如她母亲去世时，团体的成员却拒绝让亚尼娅出席葬礼。原因是团体成员认为亚尼娅把自己的利益放在了团体利益之上，亚尼娅还为此受到谴责。在这些日子里，亚尼娅得到了其他成员的情感支持，她们建议亚尼娅更深入地钻研马琳的教诲，直到熬过这段时期。

亚尼娅在这个社会团体里待了 12 年，团体解散时，就剩她一个人了。当时，马琳逐渐对美国发生社会变革的梦想失去信心，开始做出谋取财产等行为。马琳前后不一的言行让许多成员逐渐疏远她，再加上，马琳酗酒，又表达了离开的愿望，于是成员投票解散了这个社会团体，清算了资产，把剩余的钱退给了成员。

不过，这个团体若是不解散，亚尼娅和其他许多成员还是乐于留下来的。因为该团体把成员维系在一起的力量很强，但领导者的反复无常和自毁行为终结了它。

亚尼娅后来意识到当时的社会团体其实是非法组织，并在成为加州大学奇科分校的社会学教授后，指导学生认识非法组织背后的心理学和社会学。她颇为困惑地回顾了自己的那段岁月。虽然她知晓非法组织背后的力量，却仍然很难理解自己当时是怎么屈从于此的。当时这个非法组织征服了她、改变了她啊！

亚尼娅立志帮助大家免于沦入非法组织之手。她的研究和工作是分析非法组织中那些受过良好教育且心怀善意的人，因为他们看起来不像相信非法组织的人。那么他们又是怎么被说服加入非法组织的呢？

我认为有一点可以肯定，读者没有兴趣创建或加入非法组织。把亚尼娅的故事运用到坚持做某件事上，你可能也会有所怀疑。

实际上，非法组织背后的力量与坚持行动存在很多相关性。研究非法组织为什么能让人做一些激进的事情，然后我们就可以把背后的科学原理运用到人们凭借自由意志真正想要改变的方面，比如每天练钢琴，每星期给妈妈打电话。

通过了解他们运用的科学原理，我们可以赋予人们力量，让人们在生活和工作中持续行动。

那么驱使人们做激进之事的神秘力量是什么呢？

什么样的社群才具有吸引力

非法组织掌握了建立成功社群的科学原理。社群就是一群具有共同特征的人。他们兴许有着相同的信仰、文化背景，兴许也有着同样的经济地位以及类似的兴趣爱好。有些社群的人用安卓系统的手机而不用苹果手机，喜欢狗多过猫，听音乐用 Pandora 而不用 Spotify①。

有时候加入什么社群也许并不是你能选择的，比如你出生的地方，或是你父母为你选择的学校。

一些社群有专门的聚会场所，比如瑜伽爱好者会常去美国圣克鲁斯镇的“木板路”，而在机场等着来福车（Lyft）和优步（Uber）的司机来接的乘客会聚集在楼梯口或出发层处。

社群创造了社会纽带，它至少由两个人组成。一个大家庭、一个党派、一个国家，都是社群。

就算人们理解社群可以让人持续行动，但创建富有吸引力的社群仍然很难。只有成员积极参与，社群才能促成成员持续行动。那么，怎样才能创建富有吸引力的社群呢？这就是本章要讲述的内容。

---

① 两者均为国外音乐流媒体服务网站。——译者注

一个强大的社群必定具有社交磁力。新型的寻宝游戏就很好地体现了社交磁力的力量。寻宝游戏不仅适合孩子们玩耍，在成人间也非常流行，它们在每个大城市里都突然变得很热门。

寻宝游戏是这样玩的。一般来说，你可以在线注册，加入一个 3 人及以上的团队，参加寻宝游戏。寻宝时，团队中的一个人会收到一份需要小组完成的活动清单。与传统寻宝游戏不同，在新型游戏中，寻宝人会用智能手机将活动清单拍摄成照片，并上传到社交媒体，大家通过社交媒体一起研究问题的答案。寻宝过程通常不会一两小时就结束，而是可能持续 48 小时之久。

为什么人们会愿意拿出多达 48 小时，甚至所有的休息时间来寻宝呢？这是因为社交磁力的作用。团队寻宝不仅有趣，还拥有一种磁力，能吸引人们持续参与。这些寻宝人组成一支拥有共同使命的团队，队员们彼此凝聚在一起完成任务，就像磁铁吸附金属一样。团队成员也可能有无聊、失去动力或疲惫的时候，但由于来自团队的磁力，他们无法停下正在做的事情。这就是社交磁力，以及它让人们坚持行动的方式。

以社交媒体为例。你曾经拒绝过注册社交媒体平台吗？你是否还记得第一次收到注册社交媒体平台邀请的情景吗？说不定你已经没印象了。你最初也许认为，社交媒体平台纯粹是那些空闲时间太多的人用的，只有那些人才会把一天里吃了什么东西、碰到了什么人发布到网上。但后来你意识到，社交媒体平台的注册邀请来自你现实生活里的好朋友。也许这不足以激励你去注册，但这足以让你对此有所思考，并记住这个社交媒体平台。很快，其他朋友和同事也开始向你发出注册邀请了，甚至其中一些人开始放弃电子邮件，转而使用社交媒体平台联系你了。这样的话，为了与朋友保持联系，你必须注册社交媒体平台账号。这时你意识到，社交媒体平台组成了一个同伴们聚集在一起的社群。就算你一开始并不愿意加入，可为了不被社群排除在外，你还是加入了。一旦有人评论你发布的信息，你就会继续用下去。这便会让社群逐渐壮大起来。

建立或利用社群让自己坚持行动，说起来容易做起来难。哪怕社群是针对正当目的建立的，也仍然需要拥有社交磁力才行。人们常常建立或加入没有社交磁力的社群，而这样的社群，对持续行动而言往往并不管用。

比如一起去健身房的伙伴们。对很多人来说，若每次都有好友陪你一起去健身房，那么坚持去锻炼就比较容易。但若你或者好友生病了，或者某个人外出度了 1 个星期的假，那会怎样呢？惯例往往会终止，并且很难再次启动。这正是因为缺少社交磁力。

只是找个人和你一起去健身房并不够。从无到有地建立一个锻炼社群，需要社群形成社交磁力。为了达到这一目的，人们会设定其他团队成员对一些事情有所期待，然后通过给伙伴发信息，或者发送新训练法的文章链接等方式，期待伙伴对这些信息充满兴趣，进而互换信息。**通过分享视频或群发信息的方式召集具体的一个人或一群人，是建立社交磁力的一种途径。**

当然，并不是所有人都有时间或精力建立个人社群，来让自己坚持做某件事。如果你是这种情况，那么不妨加入已有的社群，只要保证它拥有社交磁力就行。你只需要知道该寻找什么领域的社群，我们会在后面解释原因。

请记住一点：社群要想对成员产生持久的影响，就需要有足够多的人为社群提供力量，创造社交磁力。对于规模非常小的社群，比如 5 人以下的社群来说，每个成员都需要付出努力来建立社交磁力。而对较大的社群来说，需要 15% 的成员投身社交磁力的建设工作。

STICK WITH IT

社群能推动成员坚持做有利于自身的事情，比如定期锻炼身体[3]，也能推动大家坚持做不利于自己的事情，比如抽烟[4]。

但到底是我们选择了社群，还是社群选择了我们呢？

成功社群具备的 6 大要素

现在，你已经认识到了社群的力量，让我们来谈谈怎样创建一个能够让人们改变行为的成功社群。

每一个成功的社群都具备 6 个要素。我将在下面逐一列出这些要素并进行解释；接着通过创建社群的例子，将它们纳入实践进行考察。

- **能满足成员的信任需求：**如果人们信任社群里的其他成员，不管这些成员是家人、朋友、同事，还是陌生人，人们就会更乐于学习，并保持更开放的心态，更愿意改变自己。这种信任是在人们彼此交流想法、经验和渡过难关的过程中形成的。我们在研究中发现，社群可以通过让人们做一些微不足道的小事，比如聊聊今天做了些什么，或者分享个人信息来创造信任，并让人们持续行动，最终实现持久改变。

- **能满足成员的融入需求：**大多数人会努力融入社群。他们兴许并不需要融入所有环境，但必定有融入某些社群的需求，比如融入家庭、朋友圈或社交俱乐部。为了顺利地融入社群，你必须理解这个社群的社交规范。举例来说，倘若一个社群的成立就是为了动员选民为候选人投票，那么，它的社交规范非常明确，就是赞扬候选人，赞扬为他们投票的民众。具有明确社交规范的社群，在持续行动方面会更成功。大多数成员也都愿意改变自己的态度和行为，以适应社群和这些社交规范。

- **能满足成员的自我价值需求：**人们在做能让自己感觉良好的事情时会更容易坚持。能更好地满足人的自我价值需求的社群可以强化社群成员的自尊心和积极性。

- **能满足成员的社交磁力需求：**前文已经解释了社交磁力的概念。社交磁力对构建一个强有力的社群、促进成员持续行动至关重要。如果你加入了一个社群，但并未感受到社交磁力，那么，这个社群可能没法帮你实现改变。你不妨去另找一个社群。如果你正在建立社群，道理也是一样。如果社群成员没有感受到社交磁力，你就必须改变社群，让它满足成员的心理需求。

- **能满足成员对获得奖励的需求：**凡是看过西泽·米兰（Cesar Millan）出演的纪录片《报告狗班长》（*Dog Whisperer*）的人，都能看到他会对狗的良好行为给予奖励。从很多方面看，人跟狗的行为很类似。人们如果因为某个良好的行为获得了奖励，往往会继续那样做。最终，这些行为会变成习惯。我们将在后面的章节中更详细地讨论人们对这种获得奖励的需求。

- **能满足成员对赋权的需求：**一如人们要自我感觉良好才能满足自我价值需求，他们还需要感觉到自己能控制生活，才会觉得自己被赋予了权利。在上一章中，我们称赋权为自我效能感，它是预测能否坚持行动最重要的一个因素。若一些人归属于一个善于赋权的社群，并得到了榜样或导师的引领，那么，跟那些从不归属于此类社群的人比起来，他们更有可能坚持行动。

你现在已经知道了一个社群想要促进成员在行为上持久改变所需要的6大要素。但你兴许会从更实用的角度发问：怎样才能建立起可满足这些需求的社群呢？怎样才能辨识出这样的社群呢？我们发现，答案在于拥有同伴榜样（peer role models）。下面，我将详细地介绍“希望”（HOPE）社群背后蕴含的科学原理。你可以运用这些科学原理来学习建立自己的社群，也可以判断自己或他人加入的社群是否有助于成员持续行动。我们运用这些方法构建了在线社群，而你可以用它构建任何类型的社群。

什么样的社群会对成员带来持久影响

我们招募了一些同伴榜样，共同建立了“希望”社群。我们发现：**社群里必须有 15% 左右的人是同伴榜样，所以，如果你希望创建一个 100 人左右的社群，你应该找 15 个同伴榜样。**

我们每个星期会给这些同伴榜样一小份奖励，换来他们参与 12 个星期的回报，大多数情况下奖励是一张在线礼品卡。不过，在后面的章节，我们会介绍怎样不用钱来进行激励。12 个星期后，同伴榜样的官方任务就宣告结束，社群大概率就可以自行运作了。一如招聘新员工，在创建社群的时候，这些同伴榜样需要完成许多前期工作，但几个星期之后，社群就能自然地发展了。

首先需确定合适的同伴榜样。若要建立一个减压的健康社群，我们会与专注于健康和减压的组织合作，比如保健诊所。我们会请保健诊所的人为这个社群推荐合适的同伴榜样人选。我们还会上网搜索合适的人选，邀请其他同伴榜样。

同伴榜样的标准是：与将要加入社群的其他人有着相同的人口统计特征和心理特征。

STICK WITH IT

假设想建立一个高中生社群，鼓励他们完成家庭作业，我们必须明白，同伴榜样也得是高中生。同样重要的是，同伴榜样还需在持续行动的领域取得了一定的成功，比如得是那些坚持完成家庭作业的学生。同伴榜样还得愿意帮助别人，擅长社交，能够得到同伴的尊重。我们会邀请这些同伴榜样参加培训，向他们介绍社群建立的目的，怎样赋权他人，促成改变。

接下来我们会开放社群，邀请人们加入。如果这是一个帮助成员减少成瘾行为的社群，我们会邀请存在成瘾和服药过量风险的人加入。他们对加入社群是否感兴趣并不重要，我们会付钱让他们快速填写一个调查表，然后加入社群，但他们随时可以选择退出。

来自疼痛及管制类药物管理社群的苏珊·贝尔（Susan Baer）表达了自己当初受邀加入在线小组时的恐惧："在这里发帖让我感到再难堪不过了，我猜，原因跟其他人一样。我在诊所和医院耗去了许多光阴。与此同时，自从10岁以后，我还要照顾妈妈，接着又是爸爸。他们都死于癌症。"[5]

苏珊的话揭示了许多参与者最初受邀加入社群时的内心感受。多年来的艰辛和失败让他们拿不准社群的成立目的，不知道自己能从中得到些什么，也不愿意有所贡献。这就是为什么人们会退出许多可以提供帮助的社群，这些参与者的经历也显现出科学在社群中的用武之地。这次是科学让我们的参与者产生了不同的感受。

我们会自动把苏珊这样的参与者纳入在线小组，这是对他们参与研究的部分要求，但他们可以随时离开。出于这个原因，我们必须让在线小组足够吸引人，好让参与者跟我们一同坚持下去。

在这个环节中，我们训练有素的同伴榜样就帮得上忙了。同伴榜样会开始跟新的社群成员交谈，并通过在线社群论坛当众表达自己的想法，或放一段视频，抑或是贴出我们在训练过程中为他们提供的其他内容，以调动新的社群成员参与。同伴榜样会将自己的故事分享给那些不愿说出自己想法的社群成员，给对方“点赞”，或以别的方式跟其他同伴榜样进行互动。这就是我们创造社交磁力的办法。每个社群成员都必然感受到了来自同伴榜样的鼓励，并希望改变自己。**重要的是，这是一种健康的压力，会让社群成员产生信任感，感受到来自他人的支持，而不会产生自己不参与就会受罚的恐惧。**

例如，有个叫阿尔伯特·伯克（Albert Berke）的同伴榜样对苏珊说：“欢迎你啊！我知道最初很困难，相信我，我很理解成长在一个无话可谈的家庭是什么感觉。我出生在乌克兰，但我的岳父是亚美尼亚人，岳母是英国人，这真的让我很难在家找到话题。之前的 10 年，我用了很多时间搜寻并加入网络上的各类支持性团体，包括婚姻咨询、心理治疗、信息技术交流、医疗和治疗物质使用障碍（substance use disorder,

SUD）的社群。只要你坚持下去，就会发现，你将不仅能轻松地跟我们这些有着相同想法的人交流自己的问题，而且，你还能跟自己进行更清晰的内心对话，理清思绪。此外还有很多其他的好处。”[6]

几个星期之后，社群成员不再需要同伴榜样来指导了。许多社群成员自己开始扮演同伴榜样的角色，鼓励其他成员接受社交规范。

一个健康社群的参与者凯林·科尔森（Kellene Colson）说：“我知道，分享很难，但相信我，等你开始分享后，会发现这确实有帮助。我在癫痫发作时，从来不想说话，但像这样的小组真的能帮上忙，只要你够勇敢，能说出自己正在经历的事情。”在这句话里，凯林听起来像是同伴榜样，因为她在这一公共在线社群中告诉其他参与者，这个团体怎样改善了她的生活。但凯林不是我们提前训练出来的同伴榜样，她是参与者，在得到了我们的帮助之后自然而然地成了同伴榜样，向他人介绍我们是怎样帮助她的。

我们教导同伴榜样，一开始要将重点放在与社群内的参与者建立信任关系上。几个星期之后，信任建立起来了，社群将遵循社交规范运转，同伴榜样就开始将社交规范调整到建立社群的目的上，比如让人们锻炼、停止滥用成瘾药物，或者准时上班等。这个过程进行 12 个星期后，同伴榜样就完成了他们的正式任务。我们不再每星期给他们发放奖励，而是让社群自行运转。

我们发现，这套创建社群的秘诀，能一以贯之地帮助人们持续行动。跟没有加入“希望”社群的人相比，加入的人的持续行动率是前者的 3 倍，且这种行为上的变化能持续下去，社群也能保持活跃和强健。3 个月后，我们往往会发现，社群中 90% 以上的人会继续参与任务。18 个月后，这个比例能保持在 80% 以上。我听说，大多数在线社群的成员参与度都不到 50%，我们的成效可谓相当卓越了。

下面这句话来自我们疼痛及管制类药物管理社群的在线公开论坛，发言的是齐伊・伦道夫（Zee Randolph）。他向论坛上的其他人讲述了这个为期 12 个星期的社群对自己产生了怎样的影响：“我在饱受疼痛折磨的 31 年里，头一次知道有人跟我的感觉完全一样……每一个人的故事都有些独特的地方，但只有我们这些人才能真正理解彼此。我们都处在不同的治疗阶段，掉进过不同的陷阱，碰到过不同的障碍，但这对我们互相学习有帮助。我只希望，大家继续保持联系……”

为了清楚地展示如何建立成功的社区，让我们一起来看一个例子。假设我们正在创建一个帮助新妈妈应对压力的社群。不管她们的宝宝是在新沙发上吐了多少脏东西，还是在凌晨 4 点发出尖叫，这个社群都会帮助新妈妈应付这些混乱局面，甚至看到其中的美好。我自己也经历过小宝宝刚出生时的阶段，我很清楚新妈妈们需要一些解决方案。以下展示了我们将为新妈妈们提供的帮助。

首先，我们需要了解新妈妈们的心理。

为了确定合适的同伴榜样，我们需要很好地了解我们要接触的对象。我们首先从新妈妈们的共同特点入手：她们正顶着巨大的压力。也许她们大多是第一次为人母，也许她们平均而言更年轻一些，也许她们的父母或其他家庭成员没法帮忙照顾宝宝，这就是一些常见的问题。

其次，我们将采访一些新妈妈，以确保我们找到的答案是正确的。我们会询问她们有何心理问题，从而了解社群可以怎样帮助她们。我们还必须弄清楚，在她们心目中，哪些人具有影响力，以及她们希望怎样进行社交、怎样能放松地交谈。我们要调查她们是喜欢女性为主导的社群，还是喜欢男女参半的社群；是喜欢自由自在地交谈，还是喜欢提出问题后得到指导；是喜欢网络沟通，还是喜欢当面沟通，又或者兼而有之。由于这是一群严重缺乏睡眠的女性，因此她们有可能很难参加面对面的社群活动。出于这个原因，在线社群应该更适合她们，但我们还是应该先在采访中确认一下。

假设我们得知，新妈妈们压力很大，因为她们感觉自己不知道怎样照顾新生儿，整天只有自己一个人跟孩子在一起，也感觉很孤单，她们还怀念自己上班时那种富有成效的日子。如果我们想建立一个能调动新妈妈们的参与度、帮助她们减轻压力的社群，就需要解决这些问题。

我们现在准备建立在线社群，诀窍是找到传播正确信息的最佳同伴榜样。这事一定要赶在邀请新妈妈们加入之前做完。你可以采用很多方法，比如安排一小笔预算来奖励同伴榜样给新妈妈们带来的帮助。虽然你不一定非得这么做，但这么做效果不错。

以下是构建社群时经常选择的 4 类同伴榜样。

- **专家。**跟有影响力的专家合作。他们可以是经验丰富、能满足新妈妈们需求的博主、科学家、医生，或成功的企业家。

- **名人。**从新妈妈们喜欢的名人那里获得支持。所谓的名人，不一定是詹妮弗·加纳（Jennifer Garner）或杰西卡·阿尔芭（Jessica Alba）一类的知名演员。名人也可以是新妈妈们尊重的网络名人，比如作家、摄影师凯特·英格利斯（Kate Inglis）或者企业家夏兰·布卢门菲尔德（Ciaran Blumenfeld）。

- **传播者。**找喜欢社交的新妈妈加入你的社群。她们可以向朋友推荐社群，帮助社群发展。

- **本土榜样。**如果你不认识专家或名人，也找不到传播者，别担心，你还可以用本土榜样。实际上，她们也是你很好的同伴榜样。找一小群新妈妈加入你的在线社群，并从中找出那些热爱社交、热心帮助别人的人。她们会尽自己所能地帮你宣传。珍惜这些土生土长的粉丝，确保她们获得极佳的体验。由于寻找本土榜样的方法简单且成本较低，我们的“希望”社群基本都使用的是这一类同伴榜样。

然后，让同伴榜样发挥示范作用。给同伴榜样一些基本的指导方针，让他们知道，新妈妈希望从自己身上得到些什么。这会让你的同伴榜样感到有价值，有了方向，知道自己该怎样提供帮助。对于名人或专家等空闲时间不多的同伴榜样，你不妨让她们在朋友圈发送一条有关社群的消息，哪怕每星期发一条也行。对于本土榜样，你可以请她们每星期多发推文，并给予小小奖励作为答谢，哪怕小到只是一通致谢电话。在“希望”社群研究里，我们邀请同伴榜样参与短期培训，并把从采访中得知的新妈妈们的需求告诉她们，给她们一些资料和素材，如视频、网站和博客文章，好让她们跟小组里的新妈妈们分享。

一旦同伴榜样启动了小组谈话，开始分享，最后一步就是向新妈妈们开放社群。你必须做一些营销来推广社群的口碑，但如果你将同伴榜样的作用发挥得当，许多新妈妈大概已经听说过你的社群了。找到第一波访客之后，你要立刻让一些同伴榜样去跟这些新妈妈们交谈。

对于到来的新访客，你只应该为她们设定一个初始目标：加入后的第 1 个星期内为社群做些贡献。你可以让她们做些很简单的事情，比如回答一个问题，给一篇帖子点赞，评论一幅图片。关键在于，让她们做贡献，这运用了我们在上一章里介绍的阶梯模型，并将有助于让社交磁力变得更强。你很快就会发现，许多加入的新妈妈本身会成为同伴榜样，她们想要跟新的社群成员分享自己的故事与成功的经历，她们想要帮助这个团体发展。

走到这一步，你就算建立起一个真正的社群了。我们发现，使用这种方法 12 个星期后，你将拥有一个土生土长、继续发展、可持续多年的社群。

或许，你只想坚持改变自己的行为，而不是创建社群，因为创建自己的社群要付出的劳动太多了。值得高兴的是，许多有助于你持续行动的社群早就存在了。假设你想激励自己每天练习瑜伽，请记住，能让自己感同身受的社群影响力最大，所以要选择一家会员制度跟你的理念类似的瑜伽馆。你还要跟这些会员交朋友，下课之后多和他们见面。你越是积极地参与，社群的社交磁力就会越强，你也就越有可能持续行动，并实现持久的改变。

如何运用社交磁力加速商业成功

马泰·扎哈里亚（Matei Zaharia）是一位从事大数据分析的工程师。他的工作是开发一款计算机工具，帮助人们在毫秒之间分析海量的信息。有了这款工具，人们便可以收集并立即处理数十亿早就存在，但靠人类自身无法处理的数据点。

因前公司使用的大数据工具无法解决自己的技术问题[7]，马泰离开公司后，设计出了大数据解决方案“斯帕克”（Spark）。由于“斯帕克”不需要大量的存储空间，因此很快成为比马泰前公司使用的还要好的实时数据分析工具。但问题是，大多数人没有听说过马泰或者“斯帕克”。

仅仅说“斯帕克”是更好的产品，并不意味着人们会立即放弃其他产品，转而使用它。马泰必须制订一套计划，让人们使用“斯帕克”。经过集思广益，他提出了两个关键点。首先，虽然他知道“斯帕克”更好，但除非他能动员其他工程师们尝试使用，否则就没人知道“斯帕克”。其次，他知道，尽管人们对工程师的典型印象是拙于社交，但那并不是因为他们不社交。真正的原因在于他们想按自己的方式来社交，探讨他们喜欢的东西，比如工程。

马泰意识到，工程师们需要一个社群。就像我们用“希望”社群来改善人们的健康一样，马泰创建了一个社群，帮助人们了解并喜欢上“斯帕克”。他在自己居住的美国伯克利地区成立了聚会小组，邀请伯克利地区的大学毕业生和朋友们加入，并请他们带上自己的朋友一同参加聚会小组。一如“希望”社群，马泰创造了社交磁力，让加入的工程师立即感觉自己与社群息息相关。同时，这些大学毕业生及其朋友承担起了吸引新人学习使用“斯帕克”的责任。每一位来参加聚会的人，都会被引荐给另一位使用过“斯帕克”并且喜欢它的人。鉴于大数据空间的概念非常新，“斯帕克”的用户立刻在计算机科学领域成为一批新发展趋势的先驱。这让计算机科学家们特别想知道伯克利发生了什么。随着“斯帕克”的口碑迅速传播开来，人们不断加入社群，想更多地了解“斯帕克”，谈论自己是怎么使用它的，并以社群成员的身份展开社交。“斯帕克”获得了持久的成功，它不但成了大数据领域的“发电机”，还给马泰带来了研究人员和公司伸出的橄榄枝。

如果拙于社交的工程师能被社群影响，那么，其他领域的人也一样。如果像马泰这样的工程师都能通过创建社群来改变人们的行为，那么，你也可以。你只需要明白怎样创建社群就行。你得先理解它的科学原理。我们在创建“希望”社群时，对这一主题进行了广泛的研究。

下面介绍的是另一个商业案例。我们在上一章谈到了音乐，现在让我们来谈谈与音乐搭配的啤酒。

很多啤酒的口味都相似，大多数啤酒的价格也相当。那么，啤酒公司该怎样突出自己，让顾客继续购买自家的产品呢？随着社交媒体的飞速发展，大部分公司都意识到，网络社群是一个很好的宣传阵地。虽说公司都在努力建立社群吸引顾客，但不是所有公司都正确地使用了社群。

对比一下山姆·亚当斯啤酒（Sam Adams）和多瑟瑰啤酒（Dos Equis）的社交媒体主页。山姆·亚当斯啤酒的社交媒体主页上有一张新鲜啤酒的缩略图、一张品牌酒瓶的照片，以及一个令人印象深刻的活跃粉丝群，主页点赞数达到100万个[8]。多瑟瑰啤酒的社交媒体主页上有一张“多瑟瑰先生”训练雪豹的照片及一张他跟某全明星队挤在一起的照片，以及一个更加活跃的粉丝群，主页点赞数达到300万个[9]。多瑟瑰啤酒的点赞数可是山姆·亚当斯啤酒点赞数的3倍。那么，你认为哪家公司会在2013年卖出了更多的啤酒呢？

如果你像大多数人一样，猜是多瑟瑰啤酒，那你可就猜错了[10]。

> **人们认为，营销、广告，以及拥有庞大用户量的社交媒体会是赢得回头客的万能配方，但事实并非如此。**
>
> STICK WITH IT

多瑟瑰啤酒用了很多钱，围绕一个蓄着灰色胡子、穿一身黑色西服的哥伦比亚大亨形象的人创造了全新的品牌，并称他为“世界上最有趣的人”，同时创建了一个参与度特别高的粉丝群。但山姆·亚当斯啤酒却用较少的开销，使用跟前几年同样无聊的广告，凭借拥有少量粉丝的账号，卖出了更多的啤酒。尽管山姆·亚当斯啤酒和多瑟瑰啤酒都建立了社群，但多瑟瑰啤酒花了更多的钱，效果却更差。如果山姆·亚当斯啤酒并未开展新的广告活动，也没有在营销上花费大量资金，那么它让顾客继续购买自己啤酒的奥妙又在哪里呢？

我们注意到，大多数公司都了解培养一个具有强关系的社群对品牌忠诚度至关重要，并选择投入大量资金和资源创建线上和线下的社群。山姆·亚当斯啤酒和多瑟瑰啤酒也不例外，它们都知道需要建立社群。两家公司的宣传工作也都做得很棒：它们利用了网站的资源建立社群；它们付费做广告，为自己的页面吸引流量；它们还花大价钱找营销专家和社交媒体专家来建设引人入胜的网站内容。如果按粉丝参与度来衡量，多瑟瑰啤酒投入的这笔钱确实带来了回报，且单从这一个层面看，多瑟瑰啤酒的广告以及活跃的粉丝社群，显然比山姆·亚当斯啤酒更胜一筹。毕竟，多瑟瑰啤酒拥有更多的粉丝、更高的粉丝参与度。但如果你用建立社群的真正目的，即让粉丝忠于品牌、支持品牌，并持续购买产品来衡量，赢家就是山姆·亚当斯啤酒了。

你兴许在看到本章的标题时会想：那又怎样？毕竟就持续行动而言，建立社群并不是什么新思路。你的想法没错。哪怕学会了怎样建立社群，有些公司，比如多瑟瑰啤酒和山姆·亚当斯啤酒这类甚至建立了相当成功的社群的公司，可除非它们是按照正确的方法去建立社群的，否则这些社群无法帮助它们实现目标，比如让人们购买啤酒。那么，在山姆·亚当斯啤酒的社群里，是什么因素在动员人们购买啤酒的呢？而在多瑟瑰啤酒的社群里，又缺少了些什么呢？它们两者的区别在于社群运营的目的及建立的方式。

多瑟瑰啤酒确实发起了一场精彩的营销活动。如果用口碑的好坏来衡量是否成功的话，或者说，按有多少人谈论品牌来算，“多瑟瑰”可谓是过去 10 年里最成功的品牌之一。它的广告“全世界最有趣的人”，在世界各地广为人知，不仅在视频网站上拥有数百万的点击率，朋友之间也爱用这句话来调侃、打趣，甚至还出现了大量戏仿的节目，使得“多瑟瑰先生”穿的西服也成了节日的热门戏服。多瑟瑰啤酒知道建立强关系的社群非常重要，也知道自己发起了一场精彩的营销活动，就开始围绕这一营销活动建立社群，鼓励人们谈论多瑟瑰啤酒的广告。它让各种各样的人浏览网站、参与自己的社群、观看最新的广告、给这些笑话般的广告点赞，并发布自己对广告的搞笑模仿内容。但在这些浏览者中，有很多人并不喜欢多瑟瑰啤酒，他们甚至连啤酒都不喜欢。

尽管山姆·亚当斯啤酒没有像多瑟瑰啤酒一样在社群中进行口碑营销，也没有许多人提起这款啤酒，可它构建了一个能让人们探讨恰当主题并提升啤酒销量的社群，那就是：成员们都喜欢山姆·亚当斯啤酒。山姆·亚当斯啤酒没有多瑟瑰啤酒那样极具创意的广告，也没有多瑟瑰啤酒那样吸引人的图片或有趣的笑话。它拥有的只是一个令人信服的故事：一家微型酒厂，掌握着能酿出好啤酒的古老配方。它想要选择性地打动那些因为口感而喜欢自家啤酒的人，这也是它用以构建社群的基础。山姆·亚当斯啤酒的粉丝谈的是自己什么时候买了这款啤酒、它喝起来有多棒、自己还想买更多。

我们来对比一下。在多瑟瑰啤酒的主页上，你会看到有人这样谈论它的广告：“当‘多瑟瑰先生’达阵得分时，对方的粉丝必须按捺住喝彩的冲动。”你甚至会看到有人诋毁多瑟瑰啤酒，“多瑟瑰先生有一句经典的台词是，‘我并不总喝啤酒，但要喝就喝多瑟瑰’”，但有些人把这句台词换了个说法，并嘲讽道：“我并不总喝多瑟瑰，但喝它的时候，肯定是因为酒水品牌的选择空间太有限。”

多瑟瑰啤酒围绕广告创建社群。**但有时候，让人们谈论广告，反而会带来相反的效果，有碍于通过广告鼓励人们购买产品的目的。**尽管多瑟瑰啤酒建立社群的做法是对的，因为社群是促成顾客持续购买行为的有力因素，但它显然不是品牌希望对潜在顾客施加的影响。

山姆·亚当斯啤酒的社群建立在啤酒的实际口感上。在它的主页上，粉丝们这样说：“‘寒流’（Cold Snap，山姆·亚当斯啤酒旗下的分支品牌）是最棒的啤酒，毋庸置疑。”“我正好在美国，带了一堆回家……加拿大买不到这么棒的啤酒。”山姆·亚当斯啤酒是在围绕自家的产品建立社群①。

人们表达自己对山姆·亚当斯啤酒的喜爱，或者把这种喜爱之情发布到网络上，就是在建设、巩固社群。当山姆·亚当斯啤酒的其他粉丝加入对话，说自己也喜欢时，社群的力量就会越变越强。这不仅让山姆·亚当斯啤酒的粉丝觉得彼此意气相投，还让他们无法割舍对山姆·亚当斯啤酒的喜爱。

大多数比较活跃的在线聚会小组都取得了成功，是因为他们构建了

① 我不是说多瑟瑰啤酒的广告做得不好。多瑟瑰啤酒的销量因为广告逐年显著提升，但它的销量仍然比山姆·亚当斯啤酒低。后者没有改变品牌，也没有调整广告，销量却不断增长，这在很大程度上是因为它拥有一个强大的社群。

持久的社群。我们接下来看看玛丽娜·兹多布诺娃（Marina Zdobnova）的例子。2012 年，玛丽娜拿到 MBA 学位后，从波士顿搬到了洛杉矶。她想找到和自己有着共同想法的人，一起组建一家让人们变得更开心、帮助人们提升自我的创业公司。她在 meetup 网站上创建了一个名为“圣莫尼卡新科技”（Santa Monica New Tech）的社群，向公众开放。

玛丽娜通过反复尝试，学会了怎样建立成功的社群。她自掏腰包买了些零食，吸引人们来参加活动，但后来她了解到，如果能为人们提供一些更具针对性的服务，比如有机会观看创业公司产品推介会，结交有共同兴趣的朋友，会见一些企业家、用户和投资人，人们非但不需要免费食物，甚至还愿意花钱参加活动。玛丽娜发现，一旦找到信任社群和能帮自己宣传、推广并运营社群的志愿者（同伴榜样），最大的发展机会就出现了。此后，“圣莫尼卡新科技”成了一家可自我维持的非营利社群，拥有 9 000 多名会员[11]。整个洛杉矶地区都知道这是一家孵化创业公司的社群。

“圣莫尼卡新科技”的一位会员说：“有了移动技术……人们失去了人际交往的技巧，以及跟他人面对面互动的机会。‘圣莫尼卡新科技’这样的社群，通过共同的目的和兴趣把人们吸引到一起，帮助人们重建人际沟通所缺失的元素……我见过在远程工作或日常工作中从不跟真人说话的程序员，以及辛勤工作的企业家来参加这个社群的活动，摆脱了工作后孤零零的日子。我也见过一些全职工作、过得很快乐的人，他们定期参加社群活动，把这视为有助于自己达成梦想和获得他的启发或激励的途径。我还见过很多刚来洛杉矶的人，他们想结交新朋友……这些人之间的共同点就是从‘圣莫妮卡新科技’的聚会活动中获得了希望和激励。他们可以看看创业同行们在干什么，结交些新朋友。照我看来，这不仅能帮助人们实现商业目标，还能满足个人的需求。”[12]

就像我们的“希望”社群一样，“圣莫尼卡新科技”学会了利用社群背后的科学原理，让人们的生活发生了持久的改变。

如果你试图持续行动但失败了，兴许会感觉落寞。不管你是没能控制自己吃甜食的次数，还是没能坚持学习烹饪，抑或是没能让员工按时完成工作，都会感觉若有所失，对生活产生无力感。你并不是唯一有这种感觉的人。多年来，我从社会心理学研究中学到的最深刻的道理就是：人从不是在孤军奋战。不管你觉得头脑里各种想法角力时的自己有多么孤立无援，总有许多人在同样的时间，跟你有着完全一样的想法。

我们都一样，人们对某个想法和感受的体验总是相似的。例如，衬衫上有污迹、走路时打了个趔趄、对某个问题给出了愚蠢的回答，都可能会让你感到尴尬，但周围的其他人此时却并未注意到，因为在同一时间，他们可能也处于差不多的境地。一个人可能因为没有坚持饮食计划而感到失落或沮丧，但全世界有无数人也正因为同样的问题产生了完全相同的感受。生而为人，我们有着类似的担忧，并对这些担忧产生类似的心理反应。置身类似的情况，我们会产生类似的感觉：开心、悲伤、害怕，或者兴奋。

我们可以利用这种心理做一些有益的事，让社群成员感受到更强的联系和赋权，并帮助他们实现目标。诸如匿名戒酒会、瘦身团体，还有一些健身团体的发展和成功，就是对社交磁力发挥作用的最好证明。我们的“希望”社群干预研究则从科学的角度做出了证明。那么，社群究竟为大家提供了些什么呢？它提供了一种归属感，也就是“我不是唯一一个走在这条路上的人”的感觉，从而让人们真正地接受自我。这就是我们能够在世界各地发展社群、建立持续行动型社群的原因。但社群的作用，也不仅限于帮助人们感受到更强的联系。如果将行为科学运用于社群建设中，它们还可以成为一种帮助人们持续行动的强大力量。

行动练习清单 STICK WITH IT

加入一个致力于改变的社群

1. 回想在上一章练习中你想要改变的行为，你找到了吗？
2. 找一个致力于帮助你改变这一行为的社群。如果没有线下的实体社群，在线社群也行。
3. 申请加入社群。假设你想锻炼身体，那你可以跟另一个有着相同目标的人一起去健身房。
4. 跟其他社群成员建立联系，创造社交磁力，好让你下次有动力再去参加社群活动。同时，为社群做些事情，哪怕只是给其他成员在线上社群里发布的信息点赞，或是跟线下社群（如健身房、远足俱乐部等）里的人打招呼。如果你还想要大胆些，并且真的想要创造社交磁力，你可以给某位社群成员发送私信，或者公开向某人请教问题。
5. 当你跟社群成员交谈时，请注意其他成员的评论对你所说、所想的影响，也请注意你是怎么开始讲述那些具有吸引力的事情的。这就是社交磁力的作用。

STICK WITH IT

第 4 章

武器 3：要事为先

重要的事让人更有动力去做

人在尝试改变自己或他人时，常走入岔路。他们想停止吃饼干却继续吃，因为吃比不吃更重要；企业希望顾客继续购买自己的产品，却不了解顾客是否需要产品，产品对顾客是否重要。

好在什么事重要、什么事不重要，不用靠猜来判断。如果人们认为这件事很重要，他们就能坚持行动。

多丽丝·费尔纳（Doris Felner）是我的外婆，她是个典型的纽约犹太人。多丽丝外婆出生在布鲁克林区，后来搬到了曼哈顿的高楼大厦里，并在那里生活了大半辈子。终于有一天，她打算在阳光明媚的迈阿密海滩边安顿下来。我对多丽丝外婆的记忆包括：在迈阿密海滩边的海岸公寓里吃三文鱼三明治；她到加利福尼亚州来看我们时，我们给她介绍了某连锁店的“双份霸王汉堡”；在去加拿大的家庭公路之旅中，她会把自己的老太太内衣挂在后座上晾干；从加利福尼亚州到佛罗里达州的长途电话里，会听到她抱怨移民，以及她讲每天看的肥皂剧中的最新八卦；我总是给她讲我的约会生活，努力纠正她的某些观点。尽管她不是个完人（谁也不是完人），但她有个最让我钦佩的品质：热爱家人。

外婆对家庭的关心超过了生活中的其他一切。我的母亲从小听着她的两条格言长大:“别与家人论对错”和“血浓于水”。因为外婆的教导，我跟表兄弟们十分亲近。她每年都在卡茨基尔山脉组织一场家族聚会，好让她的 3 个孩子分别带着家人在此团聚，不管他们住的地方离这儿有多远。她总是热切地期待着每星期跟我们打电话聊天的时刻。舅妈过世后，外婆还帮忙抚养舅舅的孩子。

多丽丝外婆和她最小的孩子，也就是我的姨妈梅丽尔特别亲近。从小，身患哮喘的梅丽尔姨妈就让外婆产生了被人需要的感觉。外婆需要这种被人需要的感觉，因为这给了她一个活下去的理由。

比特丽斯·扬（Beatrice Young）是我的奶奶。从某种意义上说，她也是典型的纽约犹太人，但跟多丽丝外婆却是对立的两个极端：她有知识，有文化，有与时俱进的社会观念。我们都爱叫她比莉奶奶，她是个天生的纽约客。到退休年龄后，她离开了纽约，在加利福尼亚州亨廷顿海滩安顿了下来，离我家不远。我跟她很亲近。尽管她不是个全心全意投入家庭的妈妈，但我爸爸更喜欢她那样的妈妈，同时比莉奶奶也有个非常优秀的品质，即对生活充满热情。

比莉奶奶热衷于体验生活。她是个真正的知识分子，每天都忙着参与各种能激发思维的活动。她跟作家 J. D. 塞林格（J. D. Salinger）互通过书信，还经常参加《等待戈多》（*Waiting for Godot*）的戏剧表演。我曾问她："奶奶，您觉得这部戏剧怎样？"她开玩笑地回答："里面确实有'漫长的等待'。"她家总是放着布鲁克纳（Bruckner）、马勒（Mahler）和巴托克（Bartok）的音乐，客厅还摆着一架大钢琴，墙上挂着很多幅马克·夏加尔（Marc Chagall）的画作。她还热情地倡导自由派的理念。她认为人人都有权接受最好的教育，并根据自己的兴趣和热情选择学习或工作的领域。她认为，强迫有艺术气息的人从事与商业有关的工作，会扼杀其创造力，甚至可能导致其患上精神疾病。她认为自己的哥哥就是这样才生病的。她在生活中不断尝试新领域。跟当时的大多数女性不同，她一直保持着活跃的约会生活。她告诉我，她是跟我爷爷约会时爱上他的。爷爷却揶揄道："你跟我约会时，还同时跟其他三个男人约会呢。要我说，这样还不够，你干脆在我们这次约会时也再同时约几个人吧！”当其他女性被教导要专心照料孩子的时候，她还忙着考研究生。毕业之后，她先是给高中生做大学升学辅导，后来又成了纽约市立大学亨特学院的英语教授。

比莉奶奶还热衷于锻炼。她每天都和爷爷一起打网球，也喜欢早晨一起床就游个泳。她建议我多锻炼，并说我应该把车停得尽量远离目的地，这样就能多活动一下身体了。

这些活动和兴趣爱好，让比莉奶奶保持对生活的热情。她和爷爷一起住在独立的老年中心，但她只跟同样知性和有着健康追求的老年人来往。她告诉我，她会避开那些一坐下就抱怨自己健康问题的老年人，要知道这些“老人”可比她小差不多 20 岁。她的生活秘诀是：追随激情；每天锻炼；路过路边供水点时喝点水；能走楼梯，就不乘电梯。她搬到亨廷顿海滩后减少了工作量，但从未彻底退休。她还会主动去给一家地方艺术博物馆当讲解员。

多丽丝外婆和比莉奶奶在差不多的年龄，也就是 75 岁左右的时候，都遭到了毁灭性的打击。外婆失去了她最小的女儿梅丽尔；奶奶失去了丈夫，也就是我的爷爷。研究人员发现，人们对生活中应激事件的应对方式，可以预测其健康水平和寿命的长短[1, 2]。外婆和奶奶以不同的方式应对了这些悲剧事件。她们的结果很不一样。

梅丽尔姨妈去世后，多丽丝外婆一夜之间就变了。女儿的离世，不仅让她遭受了情感上的痛苦，她的身体状况也开始恶化。日常肥皂剧对她失去了吸引力。梅丽尔姨妈过世后的第二天，我的母亲去探望了外婆，发现她没法抬脚走路了。短短两个月后，她就只能靠轮椅来行动了。我的母亲告诉她，别把脚耷拉在地上，要重新开始自己走路，但这没用。渐渐地，多丽丝外婆开始受到越来越多健康问题的折磨。她最初以为自己患上了阿尔茨海默病和一种退行性肌肉疾病。她的体液调节水平变得异常起来，接下来的两年，她住院无数次。最后，在一个悲伤的日子，由于身边没有医护人员及时抢救，她窒息而死。

比莉奶奶对痛失亲人做出了与多丽丝外婆完全不同的回应。比莉奶奶当然同样悲痛欲绝，但她没有失去行走的能力，而是做了相反的事情：她走啊，走啊，走啊。她整天都在亨廷顿海滩的街道上走。她走了几天，走了几个星期。她对亲人的辞世感到痛苦，但她不是一动不动地坐在那里承受痛苦。我还记得她在回首那段日子时，对我讲述她当时纷乱如麻的心绪。她不知道怎么应对，她能做的只是继续做那些对自己最重要的事情，那就是保持健康，全身心投入生活。于是，她每天走路，走到腿、脚都绷紧了，痛得没法站，但仍不停地走。终于，比莉奶奶对生活的激情恢复了。她继续每天游泳，继续到地方艺术博物馆做志愿者，继续参加戏剧和音乐表演。20 年后，她在做自己最喜欢的事情——游泳时恬然离世，享年 97 岁。

是什么原因让多丽丝外婆遭遇不幸后很快过世，而比莉奶奶却能恢复对生活的热情，继续活了 20 年之久呢？是遗传基因吗？恐怕不是。多丽丝外婆的父母活到了 90 多岁，比莉奶奶的父母也一样。那是营养吗？大概也不是。多丽丝外婆和比莉奶奶一样都吃健康食物。那么，这种差异是什么原因造成的呢？

“重要性”对行为的影响

走进书店的励志和心理自助类图书区域，你大概会注意到，许多书都尝试着教导你怎样保持更强的动力。这些书的潜在设想似乎一目了然：如果人们有动力去做某件事，就可能真的会去做；而如果人没有动力，应该就不会去做。所以，心理自助类图书和励志大师们都想要教你养成一种能燃起斗志的个性。

但要是你没有这样的个性，那又该怎么办呢？告诉你个好消息：要把事情坚持到底，人不需要天生就动力十足。

大多数心理学家认为，人并没有所谓的动机型人格。人之所以会去做事情，是因为环境的关系，是因为在正确的时间处在了正确的或错误的位置。

STICK WITH IT

比如，你的邻居每天凌晨 5 点起床跑步，看起来像是天生爱好跑步的人，其实也有可能是因为她身边有一些能让她保持锻炼的力量，比如有父母、朋友或爱人跟她一起锻炼，或者他们告诉她锻炼之后看起来棒极了，从而让她对锻炼感觉很好。

那么，人们该怎样获得动力去做自己不太想做的事情呢？方法之一是使用我在本书中介绍的这些武器。我在上一章说过，“希望”社群召集到了一些并不想改变的人，帮助他们坚持行动，做出了持久的改变。

但社群并不是让人们产生改变动力的唯一因素。所以，除了社群，还有什么因素能让人们坚持做事呢？

重要性是一个关键因素，如果人们认为这件事很重要，他们就能坚持去做。

STICK WITH IT

你想戒烟吗？如果戒烟对你很重要，你就更容易成功。如果戒烟很重要，那么通过采取某种手段或方法，比如利用阶梯模型和社交磁力的力量就可以让你逐渐减少抽烟的次数[①]。而如果戒烟不重要，那么你很可能就戒不了。告知吸烟者他的肺“年龄”有多大，能提高他的长期戒烟率。因为如果一个人才 42 岁，而他的肺却已经 62 岁了，这不仅令人感到震惊，还让死于吸烟相关问题的画面变得切实可见，于是戒烟变得重要起来，这些吸烟者开始戒烟。

锻炼也是一样。如果你想尝试一种新的训练方式，比如，用划船机锻炼，你需要判断它为什么比你惯常的做法更重要。例如，如果时间有限，是上划船机对你更重要，还是回复与工作有关的电子邮件对你更重要？你认为更重要的东西，对你选择做什么有很大的影响。

① 如果一个人存在化学或物质层面的依赖，改变是尤其困难的。这时，只看到改变的重要性往往不足以让人们持续行动。要把本书中讲到的其他步骤结合起来，才会增加行动的可能性。

这听起来似乎是不言而喻的，但人在尝试改变自己或他人时常犯错误。他们想停止吃饼干却继续吃，因为吃饼干比不吃更重要。或者，从企业的角度来看，企业希望顾客继续购买自己的产品，但首先，企业必须理解顾客是否需要该产品，产品对顾客是否重要。如果产品不能解决顾客的重要需求，那么顾客就不会再买它。

好在什么事对人们重要，什么事不重要，用不着靠猜来判断。研究人员已经就这些主题给出了一份长长的清单，我会在下文解释清单中重要的 3 件事。当然，每个人视为重要的事情各不相同，所以，别指望这份清单上的所有项目都能对自己或他人发挥激励作用，你只要找到对自己管用的那件事就行。

人生 3 件头等大事

那么，研究人员发现哪些东西对人们来说很重要呢？**这 3 件头等大事是：金钱、社会关系和健康。**

金钱

让我们从钱开始。大多数经济学家认为，金钱是对人唯一重要也是最重要的东西。有了钱，人们才能购买自己需要和想要的东西，并为此感到自己的强大和成功。钱，不管是美元、比索、英镑还是欧元，虽然材质都只是纸或廉价金属，但会让人产生强烈的情绪，不光是负面的情绪，也会产生积极而持久的情绪。墨西哥的社会福利故事就是个很好的例子。

1994 年，墨西哥时任总统埃内斯托·塞迪略（Ernesto Zedillo Ponce de Leon）面临着一场会对政治造成深远影响的经济灾难：国内外动荡不安，墨西哥比索快速贬值。这场名为“墨西哥冲击”的金融危机，在墨西哥民众中引发了广泛恐慌，人们甚至陷入了没有食物果腹的可怕境地。塞迪略是个训练有素的经济学家，他请求两位学术界的同事帮助自己，解决在全国蔓延的贫困加剧问题。其中一人是经济学家圣地亚哥·利维（Santiago Levy），另一位是人口统计学家乔斯·戈麦斯·德莱昂（José Gómez de León）。

他们组成的团队共同设计了一套与以往迥然不同的社会福利计划[3]。他们没有向民众发放食品券，而是发放现金，并且为领取这笔钱附加了两个关键条件。第一个条件是，接受现金的家庭不得找私人医生就医，而必须找公立医疗机构就医，并由公立健康机构加以核实。第二个条件是，现金只发放给女性。利维和德莱昂认为，女性比男性会有更大的概率将这笔钱用于养活家人，照管孩子的健康。

这套计划遭到墨西哥内阁的强烈反对，因为他们觉得，发放现金会增加民众酗酒和吸毒的可能性。他们还认为，把现金发放给女性，会激化家庭暴力。总统及其团队察觉内阁会出手干预，于是迅速而低调地采取了行动。他们没有发布新闻稿，直接在坎佩切州对这一政策做了试验。他们想知道这套计划能否奏效，内阁的担忧会不会变成现实[4]。

墨西哥内阁的担忧并未变成现实。这套计划发挥了作用。坎佩切州收到现金的 3.1 万人，没有用它购买毒品或酒精，而是把它用到了购买食品、获得医疗服务上。先期试验足以说服墨西哥政府扩大该计划的施行范围。

这套政府计划于 1997 年开始推广，最初名叫“进步”（Progresa）[5]，比先期试点的规模大了 10 倍左右，覆盖了近 30 万人。它跟试点计划还有几个明显不一样的地方。这一回，发放的现金仅供领取人的子女上中、小学使用，且领取人必须是女性。随着孩子长大，金钱的数额也随之提高。同时，该计划仍然要求领取现金的家庭在公立医疗机构就医，但以预防性照料为主。此外，领取现金的女性必须证明自己正在吃健康的食品，而没有把钱花在欠缺营养的食品上。

到了后来，“进步”计划扩大到覆盖了超过 500 万人，这个数字差不多是墨西哥所有生活在赤贫状态下的人口数量。就算到了这个时候，发放给女性的现金里，也有 72% 以上是花到了购买食品上。贫困家庭吃到了比从前更多的水果和蔬菜，营养不良的婴儿越来越少，学校招到的学生也更多了。去公立医院就诊的人数急剧增加，儿童疾病的发病率降低了 10% 以上。更重要的是，这些变化持续了下去。继续参与该计划的家庭仍然会把钱花在食品上。我们要从中汲取的教育意义是什么呢？金钱带来了足够重要的变化，让人们从根本上改变了行为。金钱给了人们食品券无法带来的动力。

我并不是说金钱能让所有人都做到这一点。金钱有时也会适得其反，妨碍人们做事。实际上，研究人员发现了比金钱更重要的东西。

社会关系

我问过学生这样一个问题，假设你可以在以下两种情况中做出选择：第一种是一辈子都拥有无穷无尽的金钱，但从未与人建立过任何亲密关系；第二种是拥有的钱不太多，但跟他人的社会关系强烈而富有意义。你选哪一个？

或许你跟我的学生们一样，以为答案显而易见。其实答案并没有那么明显。很多读者会做出跟你相反的选择。在回答这个问题时，我的学生们表现出了一种有趣的心理学效应。尽管他们的回答不一样，但所有人都认为自己的回答是“显而易见”的那一个。

什么东西对自己重要，每个人的看法各有不同，太多因素导致了这些差异：每个人是怎么被抚养长大的，他们出生在哪个国家，他们的年龄有多大，等等。但要是你对此展开研究，有两件事就会清晰可见。**首先，金钱不如人们想象中的那样重要；其次，社会关系比人们意识到的更重要**。

20 世纪 30 年代，哈佛大学的研究人员发起了一项研究，追踪一群该校学生的人生选择。这项追踪研究持续了整整 75 年。他们发现：**牢固的社会关系对实现幸福来说是最重要的因素**[6]。这方面的证据来自我们的大脑。

行动实验室 STICK WITH IT

身体的温暖源于情绪的温暖

大脑对社会关系的反应方式，类似于回应温暖带来的愉悦感。研究人员让被试躺进核磁共振脑部扫描仪，并阅读朋友和家人写下的短信。这些短信有些是善意温暖的，比如“我爱你，超过这世上的一切”；也有些是中性的，如“你有卷曲的头发”[7]。阅读时，被试还要握住两样东西持续 10 秒，先是一个暖和的背包，接着是一个常温的球，或是反过来握这两个东西。研究人员测量被试在做这些活动时的大脑反应，询问他们阅读信息时感到有多温暖，做各项任务时的社会连接感有多强。结果如何呢？研究人员发现，暖心的比喻式表达十分真切，与读中性信息时相比，被试读善意信息时真的会感觉更温暖；同时，握着暖和的背包比握着常温的球，会让人觉得社会连接感更强。研究人员还发现，在做这两项“温暖”活动时，大脑的活动也是类似的。对大脑而言，身体的温暖等同于情绪的温暖。

大脑不仅会因为善意的信息而感到温暖，也会因为社会排斥而感到悲伤与痛苦。我们再来看一个实验。

行动实验室 STICK WITH IT

疼痛与社会排斥

社会排斥有着相反的效果：大脑对它的反应，就如同对疼痛的反应一样。社会神经科学家马修·利伯曼[①]是研究这一主题的专家。一次实验中，主持研究的是他的妻子娜奥米·艾森伯格（Naomi Eisenberger），她让被试躺在脑电波扫描仪里玩一款名为“电子球”的虚拟游戏。“电子球”游戏是这样玩的：被试先跟两个虚拟人物相互

① 马修·利伯曼是美国著名社会心理学家，其著作《社交天性》是解读人类“社会脑”的权威之作，该书中文简体字版已由湛庐引进、浙江人民出版社于 2016 年出版。——编者注

传球，可过了某个时间点，两个虚拟人物就不再传球给被试，它们彼此继续传球，无视被试的存在。

你可以想象被试会是什么样的感觉：被冷落、遭拒绝。就好像没入选球队，又像是被辩论队“踢”了出去。这正是研究人员发现的情况。虚拟人物不再给被试传球的时候，被试大脑“亮”起来的部位，与人遭遇身体疼痛时大脑“亮”起来的部位一样[8]。研究人员还发现，因为被拒绝感到最伤心的人，其大脑里疼痛区域的反应也最强烈。

怎样才能解决这种疼痛问题呢？假设，被试可以服用止痛药来缓解社会排斥带来的悲伤与痛苦。这听起来太疯狂了对不对？可事实确实如此。玩游戏前服用了止痛药的被试，其大脑相应区域表现出的悲伤更少[9]。

我想说的重点是，社会关系对人们真的很重要。**社会关系能让人开心。有时候，它比金钱更能让人坚持做某件事。**

这也是“希望”社群能够引发改变，以及社交磁力能够成为强效改变工具的原因。它们之所以能发挥作用，正是因为让人们感觉到和他人心心相连。

以电视节目为例。几十年来，星期六下午一直是西半球最热门的收视时段，而且此时播出的节目并不是大学橄榄球赛。1962 年，在智利出生的唐·弗朗西斯科（Don Francisco）正在美国学习电视节目的制作。他知道，星期六参加团体活动对拉丁裔美国人很重要。他们爱好社交，喜欢热闹，习惯了星期六到彼此家里闲聊。美国家庭喜欢围坐在一起看《荒野大镖客》（*Gunsmoke*）和《明星猜猜看》（*What's My Line?*）等合家欢节目，可文化上更偏好社交的拉丁裔美国人却没有这样一个节目把大家聚在一起。为了满足这一重要需求，弗朗西斯科制作了综艺节目《超级星期六》（*Sábado Gigante*）[10]。几十年来，它一直是西半球最受欢迎的节目之一。

健康

身体健康对人们也很重要，可以用来激励人们持续行动。如果你生病了，奄奄一息，此时晋升成集团副总裁对你来说毫无意义。但如果你觉得自己可以通过某些行动来改善健康，你就会行动。

大量的书籍、技术和补救办法都声称一定能改善患者的健康状况。这样的虚假宣传太有吸引力了，以至于让一些人情不自禁地遵循建议、尝试它们推荐的饮食、购买它们推广的产品。在这种情况下，重要性有时会让我们做出错误的决定。

金钱、社会关系和健康，从人生之初就很重要。对大多数人来说，它们在此后的生命里仍将同等重要。健康和社会关系能很好地激励人们坚持做事的原因就在于此。金钱能激励股票经纪人每个月去寻找新客户。对亲密关系的需求能激励情侣长年厮守，哪怕他们偶有争执。对健康的承诺，诱使人们终身购买膳食补剂。

但是，这是否意味着人们日后无法找到那些重要到让自己发生改变的新事情呢？

如何专注于真正重要的事

过去几年，预防处方药滥用在苏珊娜·克罗蒂（Suzanne Crotty）眼里是最重要的事情[11]。她为此开办了专门的博客网站，开始写书，还游说政客投票通过有关预防过量使用处方药的法案。她取得的成绩包括推动美国国会通过了《I-STOP 法案》，该法案要求医生使用电子处方，以便跟踪药物使用量。苏珊娜投入了这么多时间和努力来预防处方药滥用，你大概会以为她是个预防药物成瘾的医生、护士，或者其他公共卫生工作者。但其实都不是，而且她的工作跟这一领域的关系也很远。她在房地产界工作。那么，为什么苏珊娜过去几年一直在做一些跟自己的工作没关系的事情呢？因为这件事对她很重要。

当苏珊娜翻看着从前的家庭照，想起了儿子送给她的母亲节贺卡和项链时，她忍不住哭了起来。2009 年，她的儿子扎克·克罗蒂（Zach Crotty）在 19 岁时因管制类药物使用过量身亡。

扎克知道自己需要帮助，他想停下来，他也曾试图找治疗药物成瘾的医生，他还希望帮助其他人免于遭遇类似的药物成瘾。扎克留下了一本日记，里面记录了他的想法和感受：

> 我想去上大学。我想生个孩子。如果你把所有的钱都拿去买成瘾性药物，你恐怕没法好好养活孩子；如果你把所有的爱都给了成瘾性药物，你显然也不能好好地爱孩子……我真不是什么好的榜样。我充其量能算个反面例子。吸取我的教训吧。

扎克死后不久，苏珊娜发现了这本日记，儿子在日记中写下的痛苦让她泣不成声。但她不愿让儿子的死毁掉自己的一生，于是拿起扎克的文字，传播他的想法。

尽管分享自己和儿子的私人生活十分困难，但她仍将扎克的日记发表在了博客上。她为避免药物滥用投入的心血不断提醒着自己这难言的创痛，但这件事的重要性激励她坚持做下去。她知道，避免他人滥用管制类药物，可以纪念儿子，也能为她找到安慰。

苏珊娜的故事表明，生命可以引导人们重新评估生活中什么才是至关重要的。

生活可以让人们产生新的动机、新的做事理由。如果我们学会把焦点放在真正重要的事情上，哪怕是放在悲剧事件上，也能拥有快乐和幸福。

STICK WITH IT

伊丽莎白·托马斯（Elizabeth Thomas）是我们的研究对象之一，她过着痛苦不堪的生活，但和苏珊娜一样，她学会了应对自己的悲剧，专注于做对自己真正重要的事情。

“我得了一种叫系统性硬皮的病，还有 I 型糖尿病，以及伴随它们而来的所有继发性综合征。我没法工作，都快 34 岁了，还没能有所成就……我的病没有治疗方法，所以跟如今改善生活质量的研究不契合。

虽然所有这一切看起来都黯淡而让人悲伤，但我却情不自禁地感到高兴。我认为，我活在这世上挺幸福的。”

“我的生活本可能更糟。我很庆幸自己小时候就生病了。我是被医生照护着长大的，隔三岔五就这里被戳一下，那里被扎一下，这是我的生活方式。对我而言，疾病不是晴天霹雳般降临的，所以，它不会完全捣毁我的生活……考虑到我的诊断情况，我已经多活了太久了，光凭这一点，我就该感到高兴。再说了，过着这样的生活，我本来就没有太多精力，最好还是把它省下来做我能做的事情。开开心心比悲伤、生气容易多了。我想，这是个态度的事。”[12]

苏珊娜和伊丽莎白的故事都是些极端的例子，她们讲述了当碰到对自己重要的事后，人是怎样在生活里坚持行动的。

然而，一件事不一定非要惊天动地才能使人坚持行动。生活中还有很多日常的事情也很重要，足以让人坚持做事，比如学习取得好分数，腾出时间跟朋友相处，保持良好的口腔卫生等。

举个英格兰人威廉·阿迪斯（William Addis）的例子吧。

1770 年，他因在伦敦煽动骚乱，被关进了监狱。在监狱里，他很难保持个人口腔卫生，好在他有很多空闲时间去思考。他意识到，在英格兰，囚犯并不是唯一难于照料好牙齿的人群。如果你认为如今英国人的牙齿不好，那你该去看看以前英国人的牙。那时，人们会拿一块抹布，把烟灰和盐放在上面，朝牙齿上抹一下。威廉不需要一堆牙科医生告诉自己，这不是最有效的洁牙方式，但他又能做些什么呢?

威廉脑袋里冒出一个主意。一天晚上，他从伙食里省下一块骨头，在骨头尖端钻了些孔。接着，他游说一名警卫，并从警卫手里拿到一些猪鬃。他把猪鬃从骨头上的孔里穿过去，让鬃毛立起来。你可能猜到他的发明是什么了，这就是牙刷最初的形态。等离开监狱，威廉并未把这个点子私藏起来。他知道，其他人也认同牙齿卫生的重要性，于是，他创办了一家公司制造相关产品，创造出了全世界第一批量产牙刷。蹲监狱的年头给了威廉一个机会，让他成了一个极为富有的人，而且，他还创造出了一种持续几个世纪的全新健康行为。他的公司智慧牙刷（Wisdom Toothbrushes）运营至今，仅在英国，每年就售出 7 000 多万支牙刷[13]。

运用要事为先打动商业客户

不是每个人都能向大众卖出带猪鬃的骨头，还能靠它发家致富。威廉除了是个发明家，还是个出色的销售员。但这又引出了一个问题：人们并不会自然而然地对某个东西感兴趣，你该怎么让它在人们心中变得很重要呢?

以人寿保险为例，比人寿保险还难卖的产品实在不多。卖人寿保险，你必须跟人谈起死亡，但大多数人并不想谈它，也不想在经历一场关于自己什么时候去世的沮丧对话之后还掏出钱来买单。再加上，人们想要的是即时满足，可你却非要让人们为自己的未来做规划，从这个意义上来说，人寿保险很难卖[14]。即时满足也可以解释为什么只有半数的美国人有足够的储蓄偿还自己的信用卡债，以及为什么不到一半的人口拥有 3 个月的存款[15]。可即便是在较为富裕的人当中，销售人寿保险仍很棘手。人们为什么会想要购买人寿保险呢？毕竟购买人寿保险不会给人们带来任何愉悦感。人们也不会从为未来购买保险中得到愉悦，因为他们会去世。这些前提，每一条都对人寿保险经纪人严重不利。

我接下了这个挑战。几年前，我决定迎难而上，进入保险市场，搞定人寿保险销售难的问题。我也想了解人们怎样看待风险。我还想知道，能不能说服人们相信某件事情很重要，即使这件事原本排列在优先级列表的底部。我想做第一个知道怎么做人寿保险经纪人的学术教授。

事实证明，我做得不算太差。短短 3 个月，我成了公司在西海岸地区的人寿保险销售冠军。我是怎样让客户每个月坚持给他们最初认为不重要的东西花钱的呢？就我个人而言，我借助了要事为先的力量，也不乏单纯的好运气。当我跟朋友们说人寿保险这件事时，他们很快就认同这是一项重要的投资。回顾整个过程，我其实只向他们宣传了我信任且自己掏钱买了的两种产品。按照产品设计，这两种产品与其说是保险，不如说是投资，我的朋友们也都认同这些产品有价值。因为我相信这两种产品，认为它们对我很重要，所以我才想告诉别人，也因为我运气好，有些既有钱也信任我的朋友，我才得以成功地销售出这两种产品。恰巧我有几个搞投资的朋友有不少钱想要投出去，再加上我在一家中小型公司做经纪人，两相结合，我成了人寿保险销售冠军。

但是，要把卖人寿保险作为事业，就不止需要运气了。我进入保险市场是为了了解销售行为和大众怎么看待风险，而不是为了成为一名职业经纪人。所以，光凭我自己的经验，我没法说清是什么让人坚持购买保险的。于是，我向有着 30 年资历的老牌销售员兼培训师汤姆·帕格迈尔（Tom Pugmire）请教他的成功秘诀。汤姆 28 岁时开始卖保险，第一年他就成了公司的销售冠军，并晋升为全美销售总监。此后他很快就离开公司自己创业，从 1991 年到 2000 年，他把自己的企业经营成了全美十大人寿保险经纪公司之一，最后把它卖了出去。之后，他回过头来重新做上了保险经纪人兼培训师，在过去的 10 年里，有 9 年他都是公司的销售冠军。

汤姆在销售事业上取得的成功，更多地来自销售自己，而非销售产品。汤姆俘获了客户的情感，而不是理智。如果某样东西对人们重要，他们便自然会感觉到自己对它产生了一种一以贯之的需求。汤姆就是这样成功地让客户看到了所售产品的重要性。汤姆做了几件事，让客户从情感上跟自己和产品产生了联系[16]。首先，他向客户展示，自己就是所售产品最大的主顾，从而让客户对自己产生信任。“如果我不能让客户信任我，我怎么能让他们信任我卖的产品呢？”汤姆说。若是他自己都不相信自己的产品，就不可能有说服力地推荐人们去投资它。所以他对客户说：“我给自己买了两份，给妻子买了两份，还给儿子、媳妇、孙子都买了两份……你们看，这就是我家所有的保险单。这里有整整 12 份。”这让大多数客户听到汤姆说这是一个优秀产品时，感到他是可以信任的。

其次，汤姆还给客户讲一些人在规划退休时常犯的错误。这些真实但极具戏剧性的故事引起了许多客户的共鸣，让他们产生了购买需求，想要拥有人寿保险产品。有个故事是这样的：有位女士一辈子都在投资一份退休计划，并准备用这笔钱在2008年退休。可由于当年股市崩盘，她的投资亏损了一半，必须等好几年才能恢复元气。还有一个故事是：有位男士，整个职业生涯都在投资美国退休储蓄计划401(k)计划，账户里累计有100多万美元。可等到他退休去兑现存款时，发现账户中的钱在缴税之后只剩下不到一半。这些故事引起了人们的情感共鸣，它们告诉客户，通过投资基金来养老的方式不正确，需要换种方式为退休做规划。接下来，汤姆会向客户介绍一些能每年享受固定免税回报的金融产品，来避免此类问题。到了这时候，客户已经做好准备来认识这些产品的重要性了。

最后，汤姆还尽量简单地介绍产品信息："你要怎样才能在不承担市场风险的情况下赚得双倍的回报，并且免除缴税呢？"他认为，自己的成功主要靠的是教育方面的背景，这让他懂得了教师的价值所在以及怎样跟职员、教师、校长和学校董事等教育工作者沟通。一如教师能够为学生创造情感体验，给他们留下积极的印记，汤姆认为，跟客户成功接触，就是要为客户创造积极的情感体验，教会客户想学的东西。"大多数经纪人总是想靠着显示自己有多聪明来打动别人，但他们往往对自己的知识和能力言过其实。实际上，客户不关心经纪人的知识和能力，他们关心的是产品。如果相关概念非常复杂，是人们不知道的事情，而我能接受复杂的概念，并用人们能理解的方式加以解释，你就能明白他们为什么这么喜欢我了。因为，谈话结束的时候，他们会说'我明白你说的了'。相比用自己所有的知识去打动客户，让客户明白你说的是什么，能让他们更喜欢你。"

只是让人们理解并感觉某事重要，还不足以让他们坚持下去。眼下重要的事情，到了明天或明年，说不定就不重要了。

STICK WITH IT

对于大多数保险产品来说，不仅需要让人们现在就觉得它重要，立刻出钱购买，还要让人们坚持购买。汤姆是怎样让客户坚持花钱的呢？只要客户对产品感兴趣，汤姆就会使用阶梯模型来说服他们。为了弄清客户有多少钱可供投资，他会问，在不影响生活水平的前提下，客户每个月还有多少收入可供自由支配。汤姆知道，人们通常会报一个超出自己能力范围的数字，因为他们想的都是从投资里赚很多钱的美梦，未曾考虑过要花多少钱和精力才能支付首付的步骤。所以，汤姆会建议他们少投资一些，也就是投资低于他们所报出的数字，好让他们不觉得自己被投资给困住了。“如果人们在做自己规划好的事时不开心，他们就不会坚持做下去。”汤姆告诉客户们，可以往银行里多存一些钱，并在当年晚些时候再跟他联系，如果那时他们的账户上还有余钱，并想要投资，那就还可以追加。但等到汤姆晚些时候跟进时，大部分客户往往都把钱花掉了。但也正是这种从小笔投资开始的过程，是促使客户每年坚持为保单付款、始终信任汤姆并回来找他追加投资的原因。

心理学家设计了科学的干预法来激励人们坚持做某件事。例如，哈尔·赫什菲尔德（Hal Hershfield）研究了怎样才能让原本对某件事不感兴趣的人认为这件事变得重要了。他得出了一个有趣的结论：**人们很难为遥远的奖励做出长期改变。但通过一项简单的练习，他们可以改变这一点。**

未来自我干预法

还记得狄更斯的小说里的“未来之灵”吗？未来之灵试图说服吝啬的斯克鲁奇改变当下的行为。赫什菲尔德则试图用这种未来自我干预法来改变人们的长期行为。赫什菲尔德和研究团队给了被试一个退休储蓄账户，确定他们每年应该给退休后的岁月分配多少钱。每个被试做决定时都会看一张自己的照片（图 4-1 所示的便是赫什菲尔德的照片），一部分被试看到的是自己现在的照片，另一些被试看到的则是自己经过处理、看起来年纪更大的照片。研究发现，那些看到自己的年老照片的被试，为退休账户存了更多的钱。这合乎情理。实际上，美林银行就在自己的网站上使用了这个方法[17]。

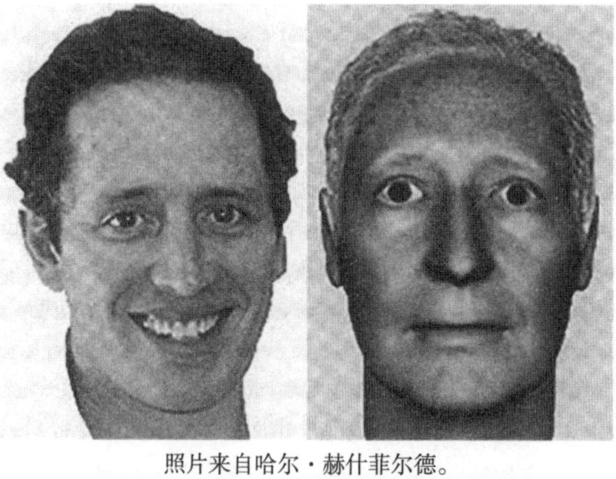

照片来自哈尔·赫什菲尔德。

图 4-1 用于未来自我干预法的照片示意

保险公司和金融服务公司对赫什菲尔德的研究高度追捧，以求用这种方法卖出更多难以宣传的产品。但是赫什菲尔德的研究工作不光适用于这些领域。未来自我干预法能让人改变饮食习惯、日常锻炼习惯和工作习惯，因为它能让一些人们原本觉得不重要的事情变得重要起来。看到将来瘦削的自己，能让想减肥的人放下饼干，选择更健康的食物，也可以让人钻出汽车去跑步。人若是受到未来自我的提醒，比如想象将来拿到了奖金，就更有可能在工作中保持专注。未来自我干预法表明，哪怕奖励看起来遥远，人也可以改变自己的行为。那么你该怎么做呢？去想一想将来的自己吧。

运用要事为先激发生活动力

在结束本章内容之前，我想回到一开始讲述的多丽丝外婆和比莉奶奶的故事上。很多研究证明，配偶过世后，另一半死亡或生病的概率会更高[18]。我的外婆和奶奶都失去了亲人，那是什么原因让外婆早逝，而奶奶却又活了很久呢？我们讨论过，症结恐怕不在遗传学或营养方面。我相信是因为，她们眼里重要的事情各有不同。多丽丝外婆认为家庭是最重要的，而比莉奶奶却认为，过好生活、坚持自己的爱好是最重要的。由于目前还没有心理学测试检验过人们在经历悲剧事件后认为坚持努力生活很重要能产生多大影响，因此，我没法很有把握地说，比莉奶奶更长寿是因为生活对她更重要，但我想对这个故事表达一下自己的想法。

我追问自己，为什么多丽丝外婆在亲人去世以后迅速过世，而比莉奶奶却活了更长时间。虽然外婆有很多活下去的理由，但我想，她自己并不这么认为。我觉得她感到很孤单，她的丈夫很早就去世了，留给她3个孩子、7个孙子。当她最小的孩子，也是最依赖她的那个孩子去世以后，我感觉到，外婆认为没人再需要她了。因为她的其他孩子和孙子们都住得很远，并不常来看她。她的日常爱好，比如看电视或坐在游泳池旁，也并不足以让她坚持活下去。

至于比莉奶奶，我很幸运地陪着她度过了许多时光，也逐渐了解了她的许多人生故事。我们吃午饭时，我偶尔会询问她，并把她的故事记下来。以下是我从比莉奶奶那儿得到的信息，我猜，她能活下来，只是因为她认为活下去很重要。

1. 比莉奶奶告诉我，爷爷去世后，她大受冲击。她无法纾解这样的痛苦，便决定多出去走走，一走就是几千米。

2. 比莉奶奶会在社区里四处走动，看到老年人日复一日地打牌、下棋。她对自己，也对我说，她的余生要是都用来闲坐着打麻将，那可真是无聊极了。

3. 比莉奶奶的生活秘诀是：把汽车停在远离目的地的地方，这样就不得不多走几步；多爬楼梯，少搭电梯；随时随地多喝些水；最重要的是，永远只做自己喜欢做的事情。

4. 比莉奶奶喜欢背诵狄兰·托马斯（Dylan Thomas）的诗：《不要温和地走进那个良夜》（*Do Not Go Gently into That Good Night*）。

5. 比莉奶奶不仅没有停下艺术讲解员的工作，还积极参与读书俱乐部的活动。我们在一起的时候，她不停地跟我说正在读哪些新书，或是最近看到了什么画作。

6. 比莉奶奶每天都会游泳，而且很喜欢聊游泳。她最终于 97 岁时去世。她是在游泳池里，做着自己爱做的事时离开的。

我学会了用外婆和奶奶的故事提醒自己，要在生活里专注于重要的事情：我的工作和爱好，跟过世亲人的精神联系，最重要的是，跟我仍然在世的亲人保持联系。

专注于重要的事情，让我兴奋地投入生活中和行动上。我希望，你会发现它对你同样有帮助。

虽说本章谈及了死亡，但无意让你感到沮丧。相反，我认为这是一个对所有人都很重要的主题。我讲这些例子是因为，对大多数人来说，避免过早死亡很重要。如果你看过《宋飞正传》(*Seinfeld*)，大概会记得，剧中宋飞说，死亡是第二可怕的事情。那第一可怕的是什么呢？当众演讲[19]。

一些比较传统的观点认为，有一些人天生有动力，而另一些人天生懒惰。如果你无法坚持自己想要改变的事情，比如早睡早起、更频繁地参加社交活动，那么按照传统观点：你失败是因为你懒。这是个相当悲观的标签，也会让人对自己、对世界都相当悲观。

好在科学研究表明，这样的传统观点是错误的。如果你过去未能成功地坚持做一些事，并不意味着你将来注定会失败。问题可能出在你没有看到做这件事的重要性上，但这并不意味着你无法看到它的重要性，只不过你需要一个更重要的理由来有所改变。**你需要弄清楚怎样才能让事情变得足够重要，重要到你愿意为了它而改变。**

你会为了更健康、更多的钱、跟亲友更亲近而改变吗？只要你找到了对你真正重要的东西，就可以运用本书中其他几种武器来激发重要性的力量，让自己为目标而坚持行动。下一章，我们将学习提升重要性的另一种办法：极度容易。

行动练习清单 STICK WITH IT

让事情变得更重要

1. 选择两件牵涉改变日常习惯的事情。其中一件事应对你非常重要，比如挣更多的钱或者跟一位朋友取得联系；另一件事的重要性应该稍弱一些，比如用牙线清洁牙齿或者用餐后立即洗碗。
2. 在 1 个星期内努力坚持做这两件事。
3. 请注意，坚持做对你更重要的事会容易许多。
4. 现在再提升点练习的复杂性，让它变得更有趣：把不太重要的活动变得更重要。该怎么做到这点呢？我们之前已经讨论过两种可以使用的技巧：加入一个社群，或者用未来自我干预法来激励或鞭策自己，让事情变得更重要。

STICK WITH IT

第 5 章

武器 4：极度容易

越简单，越容易坚持到底

总有无数股力量在互相角逐，不断拉扯着人们，驱动着人们去做不同的事。

但最终，人们往往会被驱动去做容易的事情，并坚持做下去。而当眼前出现障碍时，人们很快会放弃。一件事越容易，人们做这件事的力量就会越强大。

乔·库隆布刚从斯坦福大学商学院毕业时，以为成功很容易。他在连锁商店雷氏药店（Owl-Rexall）工作的头几年进展很顺利。他的管理非常成功，雷氏药店甚至请他接手管理旗下一家名为普隆托（Pronto）的新连锁商店。可几年后市场风向转了，普隆托在生存边缘苦苦挣扎，上级让库隆布把它卖掉。但库隆布没这么做，反而卖掉了自己的房子，并用这笔钱买下普隆托，企图拯救它[1]。

普隆托当时面对的问题是，扩张迅猛的竞争对手 7-11 公司正在吞食便利店的市场。7-11 已经建立起了知名度很高的品牌，为顾客提供了他们没时间去传统超市购买的大多数产品。而且，7-11 的营业时间长得无人能及，从上午 7 点营业到晚上 11 点[2]。普隆托跟它怎么比得了呢？为了收回投资，挽救普隆托，库隆布必须解决一个常见的销售及营销问题：怎么才能让人们定期光顾普隆托的门店呢？或者说，他怎么才能改变顾客的行为，让顾客继续到普隆托购买产品呢？库隆布不知道该怎么办，于是干脆度假去了。他到了被音乐、鸡尾酒围绕的轻松生活的乐土——加勒比海地区。库隆布在那里找到了答案。

加勒比海地区的生活很轻松：轻松地思考、轻松地喝酒，做决定也很轻松。库隆布住的酒店附近有一家餐馆，走路就能到。在岛上，喝酒是一件常事，穿着夏威夷衬衫的服务员友好且乐于助人，会指引作为观光客的他到为数不多的景点看风景。

库隆布意识到，这就是连锁商店需要带给顾客的生活方式。加勒比海地区旅游业的服务宗旨是一切都是为了让游客开心。人们不是来加勒比海地区干活的，他们是为了远离工作，而在这里很容易做到这一点。可该怎么做才能把这种生活方式用在普隆托上呢？

库隆布想到，他得让顾客不假思索地、轻松地购买想要的东西。既然其他商店试图提供范围大、选择余地多的产品来迎合顾客的需求，库隆布决定反其道而行之，限制自己店里商品的选择范围，提高针对性。其他商店会囤积各种各样的饮料，而库隆布的商店只有精选的少数几种高品质饮品，以求吸引住在帕萨迪纳附近喜欢红酒的知识分子。有了这套新计划，库隆布给普隆托重新取了名字，叫乔氏超市（Trader Joe’s）。

库隆布的策略奏效了。乔氏超市改变了人们的购物方式和地点，向顾客提供选择范围有限的有机产品的策略，既方便了顾客做出购买选择，也让他们成了回头客。如果顾客想买麦片，他不需要从 10 个品牌里做选择，而只看得见乔氏超市的自主品牌。黄油也只供应一种，而非 5 种。花生酱、玉米片、意大利面和香料也一样，就连卫生纸也是乔氏超市自己的。这个策略让乔氏超市改变了顾客的购买行为，并且持续了数十年。它成就了今天的乔氏超市。

以下是乔氏超市与众不同的地方：很多超市通常运营着 5 万个库存单位（SKU）的产品，乔氏超市却只向顾客提供大约 1/10，即大约 4 000 个库存单位的可选择产品。然而，乔氏超市每平方英尺的销售量比其最大的竞争对手全食超市（Whole Foods）的要高 1 倍以上[3, 4]。乔氏超市造就了最持久的顾客行为改变，被写入了美国零售业的历史。

所以，如果你在乔氏超市购物时看到店员穿着花衬衫，这会提醒你，一切灵感都来自当初库隆布的加勒比之旅。

是什么在影响我们的行为选择

人们总是希望事情做起来很容易。他们喜欢容易做的事情，也会坚持做那些极度容易的事情。

STICK WITH IT

高中时代，我作为家教辅导过小学生和初中生。我几乎每天都会和学生进行类似于下面的对话。

“我们今天要钻研哪一门功课？”我会问。

“历史！”学生回答。

“好。在我们开始之前，先跟我说说你上星期的数学和历史考试成绩吧。”

这时学生便会拿出自己的历史书说：“我历史考试得了 A，

但老师说我数学不及格。”

学生会想学习容易学的科目，极度容易的力量能让他们坚持学习对他们而言本就容易的科目。成年人也没什么太大的不同，大多数人想要继续学习容易说的语言，继续从事容易做的工作，继续管理容易管理的员工。

这一实践得到了许多科学理论的支持。它建立在如下设想的基础上：总有若干股力量在互相角逐，驱动人们去做不同的事。你应该去跑步，还是喝一杯葡萄酒？我应该继续写这一章的内容，还是跟朋友打电话聊天？不同的力量在不断拉扯着人们。一件事对当事人来说越容易做，让这个人去做这件事的力量就会越强大。人会受到更大的驱动力去做容易的事情，并坚持做下去。

你是否遇到过施工人员或警察封闭车道的情形？接下来会发生什么？只要施工人员把锥形路标放在最左边的车道上，行驶在该车道上的每一辆车都会亮起转向灯，转到右边开放的车道上。之后交通就立刻堵塞了，人们互不相让，你可能还会听到叫骂声，以及“嘿！老兄！看着点儿”的抱怨。至少在南加州是这样的情况。等施工人员或警察拿开锥形路标后，车就会冲回左边的车道，拥堵也随之消失。

这就是极度容易这一武器的心理学原理：消除障碍。在封闭的车道上行驶，就像是数学考试没及格之后努力想学数学，这很难做到。**面对障碍，人们很快就会放弃做某件事。反过来说，如果你学会了消除障碍，这件事就能很容易继续做下去。**

关于如何让事情变得容易，相关科学研究主要揭示了三种方法：控制环境、限制选择或使用路线图。这三种方法都涉及消除障碍、让事情变得简单，但每一种都需要结合略有不同的心理学知识。

控制环境

改变环境，让它变得更易于做某事，就会让人们真的去做这件事。

STICK WITH IT

环境的些许变化，就能带来行为的重大改变。有一项研究持续 6 个月追踪了 1 000 多名想要戒烟的吸烟者，以明确哪些策略能让他们成功戒烟。研究人员发现，最有效的戒烟方法是扔掉家中所有的烟草制品，以及选定具体的戒烟日子（阶梯模型）[5]。跟所在街区烟酒商店较少的居民比起来，所在街区有更多烟酒商店的居民会抽更多的烟、喝更多的酒[6]。

行动实验室 STICK WITH IT

好人为什么会作恶

如果恶事做起来容易，或者做起来不难，人们也会去做。斯坦利·米尔格拉姆（Stanley Milgram）在耶鲁大学所做的著名的服从权威实验正说明了这一点。被试到了实验室以后，会被介绍给同组的另外两个人，其中一个是实验人员，另一个是同为这项研究的参与者。然而，被试不知道的是，另一个参与者其实是该研究的卧底。被试和卧底会轮流抽签，签上说明了他们在研究里扮演的角色，是“老师”还是“学员”。实验中，被试会一直抽到老师的签。

随后实验人员会把两人送到一间房里，给卧底的手上绑电极。接着，被试被带回主房间，只留下卧底。被试看不到隔壁的卧底，他们会在实验人员的指示下向卧底提问。如果卧底的回答不正确，实验人员就会命令被试电击卧底。每当卧底回答错一个问题，实验人员就会指示被试提高电击强度。每当被试电击卧底时，实验人员会播放预先录制好的音频，因此被试按下按钮时会听到一阵痛苦的尖叫声，以及卧底乞求停止的声音。随着电击强度加大，卧底的尖叫声越发惨烈，直至最终停下。被试这时会以为卧底被电死了①。

这项研究的目的是什么呢？接下来咱们先看看有多少被试会折磨他人。研究结果令人震惊：尽管几乎所有的被试都对电击他人感到不适，许多人还表现得极度悲痛，甚至有 3 个人癫痫发作了，但 65% 的被试却一直在电击那些卧底，直至相信对方“死了”[7]。是什么让他们坚持做这样的事情呢？答案是：实验人员迫使被试很难停下来。

尽管这听起来很荒谬，但被试电击他人的原因竟然是：电击卧底比抵抗实验人员的指令更容易。极度容易让人坚持做事的力量是何其强烈！如果被试拒绝电击卧底，

① 米尔格拉姆的服从权威实验揭示了人类“平庸的恶”，详细研究可阅读由湛庐引进，浙江人民出版社于 2017 年出版的《好人为什么会作恶》。——编者注

身穿白大褂的实验人员就会按下面这一连串的指示迫使他们继续下去：

1. 请继续。
2. 实验要求您继续。
3. 继续做下去绝对有必要。
4. 您别无选择，必须坚持做下去。

实验人员甚至告诉这些被试，如果卧底发生任何事情，实验组织者会承担责任，被试对此不必多虑。研究人员发现，设计一个让被试难以拒绝的环境，几乎可以引导他们做任何事情。

在后续研究中，研究人员调整了不同的变量，比如将实验人员安排到另一个房间，而不站在被试身旁，或是让被试看到卧底在担任“老师”的角色后拒绝电击他人。改变了这些变量之后，被试就变得容易拒绝实验人员的指令了，被试对卧底施加电击的比例也大大下降[8, 9]。

行动实验室 STICK WITH IT

西区宿舍的友谊

社会心理学上关于容易度这一主题有一项经典的研究，即看人们怎么建立并维持友谊。研究人员选择了一群麻省理工学院的学生，他们分别住在 17 幢的两层宿舍楼中，随后研究人员请他们说出自己在这个楼群里最亲密的 3 个朋友。顺便说一下，日后人们称这项研究为“西区宿舍研究”，因为这一楼群就叫西区宿舍。研究人员发现，

> 这些学生说出的朋友，65% 都跟他们住同一幢宿舍楼。隔壁的同学、门对门的同学，或是隔壁的隔壁同学最容易成为朋友[10]。
>
> 研究人员发现，这种社交效应不是因为麻省理工学院的学生懒，而是因为，容易度是人类心理在进行选择或判断时的核心考量因素。人们会选择容易建立并维持的友谊。比如，洛杉矶有条 405 号州际公路，将西城跟其他地区有效地隔开了。如果你住在 405 号州际公路的一边，后来搬到了另一边，那么你在很长时间里，甚至一辈子，几乎再也见不到原来的朋友了，这几乎是每一个洛杉矶人公认的现象。

这种社交效应不光适用于友谊，也适用于爱情。我参加过很多婚礼，不断地听朋友们讲述自己是如何浪漫地碰到伴侣的。婚礼上总得有一个令人兴奋的故事，那就是夫妇两人是怎样相遇的。相信命中注定固然很好，但有科学研究绘制出了一幅更贴近实际情况的画面。某婚恋网站的一项研究显示，和它们广告里介绍的统计数据类似，1/5 的伴侣是在网上遇到的，但该项研究还发现，1/3 以上的伴侣是在工作场合或学校等社交场合相遇的，因为人们大部分的时间都是在公司或学校里度过的[11]。

人们选择容易结识的伴侣，并不意味着这段恋爱关系就不浪漫。我参加了朋友查亚的婚礼。他认识自己妻子的经历有点像是灰姑娘的故事：查亚捡到了她的袜子，然后还了回去。查亚是怎么捡到她的袜子的呢？他们住在同一栋楼，她把袜子落在了公共洗衣房。好一个“踏破铁鞋无觅处，得来全不费工夫”的浪漫故事。

限制选择

说到结识浪漫伴侣，你有没有想过：尽管如今有各种科技让人们更容易彼此结识，大多数人的结婚年龄却为什么越来越大呢？既然有那么多办法可以迅速地浏览、点击、选择完美的恋爱对象，人们为什么还是很难找到真爱？

原因之一是现在人们的选择太多了[12]。选择障碍并不仅限于寻找伴侣方面，它还可以解释为什么人们在生活里会觉得做各种事情都很困难，不管是跑步、早睡，还是打电话去问候长辈。

行动实验室 STICK WITH IT

挑花了眼的顾客们

在一项研究中，研究人员在加利福尼亚州门洛帕克一家超市的走廊里，向顾客提供果酱样品及可购买一整罐心仪果酱的优惠券[13]。研究人员想看看，可供选择的品种数是否会影响人们对果酱的兴趣及购买可能性。他们分别在两个星期日都做了实验，第一次为顾客提供 6 种果酱，第二次提供 24 种。他们发现，选择余地较少（有 6 种可选）的顾客对果酱更感兴趣，购买可能性更高。

研究人员还做过一项类似的研究，他们向一群实验对象提供 6 种或 30 种不同的巧克力。接着，研究人员会向实验对象支付酬劳（吃巧克力还有钱拿，真是个不错的研究），还告诉他们，酬劳可以选择钱或者巧克力。结果显示，那些吃 6 种巧克力的实验对象，更有可能选择巧克力当报酬，而有 30 种巧克力可选的实验对象，有更大的概率选择钱作为报酬。

人们会在选择范围较小的时候购买果酱或巧克力，是因为做过多选择是件很困难的事情。如果你向他们提供数量较少的选项，他们会更容易做出决定，并且坚持下去。**虽然人们总以为自己希望拥有更多的选择，但实际上，选择太多会让人难以行动。**

研究人员对这一效应做了更多研究。举个例子，如果顾客只有两三种而不是一大堆退休储蓄方案可选，他们选择参与退休储蓄方案的概率会更大[14]。

使用路线图

正如你从第 2 章中了解到的，制订步骤有助于人们坚持做某件事，因此路线图或计划能帮助人们更方便地从 A 点到 B 点，且不用想太多。

以创业为例，让创业公司平地起飞是很艰巨的任务，很多创业者都半途而废。沮丧和失落，是我常听创业者们谈及的感受。然而，一份清晰的路线图和计划书，能帮初创企业保持在正轨上。一项经典的心理学及公共健康领域的研究阐释了这一观念。

STICK WITH IT
行动实验室

行动计划的强大助推力

研究人员联系并邀请耶鲁大学的学生帮忙评估一份公共卫生手册。学生们进入自习室后，会拿到一本介绍破伤风的小册子，内容是建议学生接种破伤风疫苗。有大约一半的学生还读到了更为详细的说明，内容包括到学校诊所的地图、可接种疫苗的时间表，以及根据学生每周的安排来找到方便预约时间的申请表。这些详细的说明就是一份行动计划或路线图，它告诉学生怎样去接种破伤风疫苗、到哪里去接种。不过，另一半学生没有看到这些额外的文字。

接下来，所有的学生就阅读小册子的体验回答了一些问题，然后离开。研究人员跟进了学校诊所的数据，看看这些参与研究的学生是否去接种了破伤风疫苗。虽然所有的学生都知道诊所的位置，以及可预约的接种时间，但事实上，看到行动计划的学生比没看到的学生更有可能去接种破伤风疫苗[15]。

这一效应还可推而广之运用到更多事情上：**制订行动计划，让人更容易也更有可能去做一件事**。选择全新职业道路的人如果定好了该做什么、怎样去做的计划，就更有可能坚持下去；尝试全新健身方案的人如果有一套怎样做、什么时候去做的计划，就更有可能坚持锻炼；想要让员工按时完成任务的管理者，如果拥有清晰的策略，就知道该如何指导员工的工作，也更有可能获得成功。容易做，便意味着更有可能去做。

智能手机应用程序和移动设备等产品借助技术创新让人更容易做事，从而提高了生产力。它们帮助人们相互保持联系，更快地完成工作或坚持日常习惯。但技术创新并不是让生活变得更容易的唯一途径。有很多技术含量低，甚至不需要技术的方法，同样能让生活变得更容易。

以着装为例。人一辈子要花大量时间思考应该穿什么衣服。有研究发现，女性每天大约要花 15 分钟来决定自己该穿什么，她们一生中为琢磨着装这事儿就会消耗累计一年时间[16]。就算每天只花几分钟来盘算，是穿深蓝色裤子还是灰蓝色裤子，累计起来的时间也颇为可观。虽说有些人享受这么做，但也有不少人宁可用这些时间来做点别的事。

着装有规范要求，或是穿制服，能让人更容易知道该穿什么，从而专注于做其他更想做的事情。乔布斯、扎克伯格和爱因斯坦等诸多成功人士都决定每天穿同样风格的衣服，好让生活变得更容易[17]。这样的着装决定并不局限于那些乐于让自己看起来就像是从美剧《生活大爆炸》里走出来的科技界人士。放眼全球，你会发现，美国前总统贝拉克·奥巴马一般只穿蓝色或灰色西装；香奈儿的创意总监卡尔·拉格斐（Karl Lagerfeld）经常穿黑色西装、白衬衫，戴太阳眼镜和手套；电影导演克里斯托弗·诺兰（Christopher Nolan）永远穿着具有标志性的黑色夹克、领口有点磨损的蓝色正装衬衫，脚踏一双磨损的旧鞋。这种做法甚至也不局限于男性。美国盛世长城广告公司的艺术总监玛蒂尔达·卡尔（Matilda Kahl）曾写过一篇文章，说每天都穿白色丝质衬衫和黑色长裤大大减轻了自己的压力，让她更容易关注其他事情，无须在意别人对她着装的看法。她还谈起怎样找到 Zara 的特价店并讨价还价，还说人人都该这么做[18, 19]。

别让想做的事变得过于复杂

很显然，人们会不断去做对自己来说容易做的事情，这看起来很符合直觉思维。但是只知道这一点没有什么用，人们还是难以坚持行动。他们还是没法把事情变得简单、容易去做。那么，人为什么总给自己或他人找难题呢？

行动实验室 STICK WITH IT

玩不转的听歌识曲

我的毕业顾问李·罗斯（Lee Ross）曾经介绍过一项经典实验，做实验的是他的学生伊丽莎白·牛顿（Elizabath Newton）。在这项实验中，斯坦福大学的本科生受邀来到实验室，被随机分为两组。一组人负责打拍子，即从一份通俗歌曲清单里找一首歌，并在桌子上敲打出这首歌的旋律；另一组人要根据所听到的敲击旋律，说出歌曲的名字。打拍人要预测听歌人能识别出这首歌曲的可能性以及识别出的歌曲数量占比。

在打拍人看来，自己敲击出的旋律是容易让听歌人识别出来的。打拍人预测，在听了自己所打拍子的听歌人中，大约 50% 都能够听出这是什么歌。但事实证明，他们错得很离谱：测试的 125 首歌曲里，听歌人正确识别出的只有 3 首，也就是正确率为 2.4%[20]。这是怎么回事呢？

这是因为打拍人受到了“知识的诅咒”[21]。他们对歌曲太熟悉了，会利用这一知识，非常努力地想通过打拍子

> 来表现歌曲的方方面面。他们打拍子的时候听得见歌曲的旋律、管弦乐的编排和歌词，想用尽全力通过出色的打拍技巧传达这一切。问题在于，听歌人只听得见他们打的拍子。就算打拍人认为这很容易，实际上对听歌人来说也十分困难。

如果你玩过“比手划脚”或者“你画我猜”游戏，而且总觉得自己的团队里有笨蛋，你大概就是碰到了同样的问题。“杰森是怎么回事？他怎么就是不明白。我在扮演《恶搞之家》（*Family Guy*）里的斯图威·格里芬啊！他没看出来我模仿的是在路易丝子宫里那个场景吗？！”

人们在努力地促使他人做事上也犯了同样的错误。科技创业公司的产品开发人员会无数次地讨论自家产品的细节，他们知道每一个特殊的功能，每一个按钮的具体位置。由于对产品特别了解，他们往往以为，用户也对该产品有着良好的认知，能够轻松地在界面上操作。与之类似，从底层岗位一路升入管理岗位的经理往往以为员工对工作任务有着良好的认知，知道自己该干些什么。此外，刚了解一种产品的新销售员大多以为顾客能清楚地理解自己对产品的介绍。这些错误的认识，都源自人们掌握了太多的知识，这让他们很难把事情变得让他人也能轻松上手。

人们不只会把事情弄得对别人来说太复杂，也会把事情弄得对自己来说太复杂，从而难以将自己的计划贯彻到底。人们会去离家很远的健身房，仅仅是因为他们喜欢那家健身房，以为自己能够坚持，但实际上并不容易，所以他们最终放弃了。软件开发人员制订了完成工作的时间表，但往往低估了实际需要的时间，这会引发团队内部的争议，有时甚至会让整个项目垮台。出现这种情况的原因，往往不在于当事人掌握了太多专业知识，而在于他们误以为自己十分了解自己。

我把这叫作“短线炒家效应”（Day Trader Effect），大多数人都受过它的折磨。我在股票、大宗商品和期货市场做早市交易时，总会听到短线炒家和市场分析师们对市场走向以及人们该买进、卖出哪种证券进行预测。他们的声音听起来或许自信满满，但这些预测大多是错的，一如在市场上进行交易的绝大多数人士[22]。实际上，哪怕是专业人士，其正确率最高也只有 50%[23]。所以我基本上只做期权交易，不炒股或买入期货。因为期权直接以人类心理为基础，比股票更容易预测。不过，这一效应不只适用于股票市场，人们在其他领域也会自信满满地做各种预测。举个知名的例子，1955 年，《综艺》（*Variety*）曾预言摇滚乐“到了 6 月就会消失无踪”，但此后的结果是，猫王和甲壳虫乐队出现了。

人们对自己、对其他人将来会怎样行事，也会做出过分自信的预测。例如，有项研究请人们预测自己对朋友的熟悉程度，以及这些朋友在不同的情况下会采取什么样的行动等。接着，这项研究还让人们评估对自己的预测有多大的信心。研究人员通过对照预测是否正确，可以了解人们的判断准确性。大多数人都认为自己预测得很准确，但其实准确性并不比碰运气强[24]。

近来，这种效应常被用来解释人们的许多行为，包括首席执行官和管理层的表现[25]、创业的选择与实施[26]，当然还有股票交易[27]。例如，一项针对工程师的研究发现，30% 以上的人相信自己在同行中属于最拔尖的5%，60%的人认为自己属于行业前25%[28]，而正在创业的工程师们表现出了最强烈的认知偏差。针对企业家的研究也显示了类似的结果。人们常常以为企业家追求风险，但实际上，他们对风险的态度跟挣工资的普通员工一样，区别在于，企业家对自己的技能过于自信[29]。

人们对自己的情绪也预测得很不准[30, 31]。例如，有项研究要求学生们想一想，如果他们在宿舍抽签中选到了自己想要的宿舍，会有多高兴。学生们认为，这会极大地提升他们的幸福感，但一年之后，研究人员从中并没有观察到有意义的差异[32]。

“短线炒家效应”背后的心理学知识可以说明，为什么人们很难坚持做事。人们为自己或他人制订计划，比如希望改变职业、学习一门新的语言，但因为他们高估了自己的能力，低估了遵循计划、坚持到底的难度，所以往往会半途而废，放弃原本打算要做的事情。

那么，人们该怎样克服这些问题，让事情变得容易起来呢？

让事情变得更容易做的方法

亿创理财（E-Trade）公司的一则广告是这样的：婴儿床里的小宝宝点击手机，说自己刚买了一只股票。这则广告或许有点傻气，但它的想法很棒：用亿创理财操作股票交易很简单，连小宝宝都会用。我们可以效仿这种做法，用“亿创理财测试”来判断某事是否容易做。比如，工程师或产品开发人员不要假设用户跟自己拥有同等水平的知识，会本能地知道怎么使用一款软件，而要把自己放到水平较低的人的立场上，比如为小孩设计软件，这对提高软件的易用性会很有帮助。你可以看看表 5-1，它能给你展示一些事情容不容易做的例子，帮你理解怎样才能通过“亿创理财测试”。

表 5-1　“亿创理财测试”：哪些事情容易做

事情	容易	不容易
坚持锻炼	成为离自己家或工作地点只有一街之隔的健身房的会员	去要花上 15 分钟才能到的健身房
吃更健康的食物	把家里所有的垃圾食品都清理干净，囤积大量更健康的食物	家里满是垃圾食品，但你想靠着意志力阻止自己吃它们
学习一种新乐器	在日程表上专门安排时间，每天练习，并设定闹钟提醒自己	依靠自己的动力来每天学习
让员工按时上班	每天都跟新员工做两分钟的打卡动员，这是他们早晨要做的第一件事，并将这件事写进他们的日程表	未采取任何举措或设定规章制度，想让员工自动按时来上班
让网站访客去浏览另一个页面	在网页上设计一个醒目的按钮，引导访客前往你希望他们去的页面	网页上全是文字，但你想让访客前往你希望他们去的页面

除了“亿创理财测试”，还有一些工具能让事情变得更容易做。你可以把我之前介绍的极度容易的科学原理整合进来：控制环境、限制选择、使用路线图。

你也可以利用本书提及的其他武器。本章固然专注于探讨极度容易这一武器，但其他章节里提及的武器也能让人更易于坚持行动。比如，你可以使用我们在前面探讨的阶梯模型（步骤、目标和梦想），利用小的步骤比大的目标或梦想更容易达成的方法，让人们更易于坚持做事。你还可以加入那些正做着你想做之事的人的社群。

运用极度容易助力商业项目脱颖而出

以色列的应用程序开发员奥尔·阿贝尔（Or Arbel）有一个他想要传播到世界各地的愚人节笑话。他决定发布一款智能手机应用程序来实现这个看起来愚蠢的想法。他用了不到8个小时，就开发出了程序，于2014年4月1日发布。3个月后，该程序在苹果应用商店中排名第三位，下载量超过100万次，其中最活跃的5万名用户使用了400多万次。奥尔为自己取得了这样的成功大感震惊，随后他辞去了在以色列的工作，收拾行囊搬到美国，并筹集到了100万美元的创业启动资金。

如果放在2006年，智能手机应用程序刚问世的时候，人们大概还能理解这类笑话应用程序为什么会取得成功。那时候，我也看到好多研究所的朋友和同事因一款程序一夜之间就成了百万富翁，但在2014年，这类笑话应用程序已经不新鲜了。那么，奥尔发布的愚人节玩笑程序，是如何获得如此高的用户参与率的呢？答案是，它容易使用，简直容易到了蠢的地步。

奥尔设计的程序只有一个目的，那就是让用户把“哟！”（Yo!）这个玩笑发送给其他用户。只是这样。程序里有一个硕大的按钮，可以让人们把“哟！”发给朋友，并邀请朋友下载该应用程序。就因为它太容易操作了，许多人都用起了它。“哟！”问世以后，一些“山寨”软件也发布上线，比如有一款印度版本的程序是让人们发送“哎哟”[33]。

作为一款容易使用的应用程序，“哟！”很快就成功了。虽说当时做出判断还为时过早，但我预测，“哟！”的“山寨”版不会变得跟“哟！”同样成功。因为有太多人抄袭“哟！”的设计，所以其他程序要想脱颖而出，必须出现更简单的设计才行。但可以肯定的是，“哟！”的成功，证实了一点：**不管一件事物看上去有多么愚蠢，如果它容易做，人们就会去做。**

不只是创业公司想借助极度容易的力量去改变人们的行为，亚马逊和谷歌等大型企业，也在利用这一力量。亚马逊通过彻底简化其购物方式，实现了持久的成功，并在此过程中收获了1 000亿美元以上的市场价值[34]。

亚马逊最初推出Prime付费会员服务时，人们心存怀疑：顾客真的愿意花上79美元的年费在线购买产品吗[35]？但亚马逊知道，让顾客的购买过程更方便，是会带来回报的。刚推出Prime付费服务的时候，人们要支付运费，并且等上一个星期才能收到产品。亚马逊知道，为顾客提供免费送货和“次日达”送货服务，能让人们的购物变得更容易，还能吸引回头客。10年之后，Prime付费服务的订阅量已经达到了数千万，并仍在迅速增长。而且，在Prime服务推出第一天就选用了的几万人里，有4/5续费至今。

当时负责亚马逊Prime业务的全球副总裁格雷格·格里利（Greg Greeley）表示，“每家公司都在试图分析财务状况”，以决定是否要推出一款类似 Prime 的产品或服务。但格里利知道，“其实这真的只是为了方便”。让事情变得容易做，人们就会继续做下去。亚马逊持续利用极度容易的力量来维持顾客的参与度[36]。

谷歌也在利用极度容易的力量来改变员工的行为。在谷歌工作的一项福利是，你在附近永远都能找到食物。但太容易获取食物，让谷歌的一些员工体重增加了许多，员工入职后长上十几斤肉的情况很常见[37]。谷歌决定解决这个问题，让员工更难获取不健康的食物，同时更容易获取健康食物。谷歌重新设计了厨房的结构，把沙拉柜台挪到入口的中间和前面，同时把大号的盘子和容器换成小的，减少员工的食物摄入量，还把巧克力豆从透明的罐子里换到不透明的罐子里，这样员工就要花点力气才能找到它了。通过提高员工摄入健康食物的便利性，谷歌员工摄入的食物热量从营养总量的 29% 降到了 20%，摄入的脂肪也从 26% 降到了 15%。

我给高中生、大学生和研究生的论文都评过分，我发现，许多学生一上大学，就开始在文章里用许多“大词”。或许，这是因为他们在大学升学考试里学会了使用“大词”，又或许，这是因为他们觉得如今自己是大学生了，有必要使用一些听起来就很复杂的词。问题在于，“大词”往往不如他们从前所用的“小词”精确。比如将“我打算利用（utilize）电脑”这句话替换成“我打算用（use）电脑”后，句子变得更简单，也更恰当了。

等学生们进入研究生阶段，开始写科研论文后，用“大词”的问题变得越发严重。我看到论文里充斥着“大学生们被招募来参加一项研究”这样的话，其实这句话完全可以用更简单、更常见的主动句式来表达：“我们招募大学生来参加研究。”

值得注意的是，“我们需要把事情弄得复杂些，这样才显得自己更聪明”的想法从写作扩展到了生活里的许多事情上，比如设计复杂的健身习惯，或者制订复杂的业务计划。可惜这种做法是错的。

极度容易背后的心理学知识告诉我们，我们需要重新训练自己，不要对复杂过于执着。

让事情变得简单、容易做，才是聪明的做法，有助于我们坚持行动。

STICK WITH IT

2000 多年前，亚里士多德说：“我们可以认为，在其他条件相同的前提下，所需假设较少的证明更为优越。”换句话说，**最简单的设想往往也是最好的。**历年来，许多哲学家和科学家，比如托勒密[38]、奥卡姆[39]、牛顿，还有当代的一些科学家，也都提出过类似的说法。如果最聪明的人都认为简单更好，我们恐怕应该听听前人的意见，不要再故意给自己找麻烦了。

“社会心理学之父”库尔特·勒温（Kurt Lewin）首先运用了类似的理论来解释妨碍人们做事的冲突[40]。勒温说：“从心理特征上来说，冲突就是在一种情况下，两种方向相反、强度相当且同时作用的力，对人发挥了作用。”[41] 他的大部分研究的理念是，有许多不同的因素影响着人们会不会采取行动、怎样采取行动。

简而言之，如果你无法坚持做某件事情，那么请消除那些妨碍你行动的因素。就是这么容易。

行动练习清单 STICK WITH IT

消除行动障碍

1. 想一想你打算改变的行为。
2. 使用本章提供的武器和方法，尽量让自己更容易去做出改变。例如，想想你是否受到了“知识的诅咒”或“短线炒家效应”的影响。
3. 承认你制订的计划恐怕不如你想的那么容易。
4. 想一想怎样消除事情的复杂性，尽量让自己更容易坚持做下去。

STICK WITH IT

第 6 章

武器 5：行为在前

行为的改变影响着我们的大脑

如今有一种更快也更简单的方法能重置你的大脑，帮助你坚持做自己想做的事情。

如果你想要不再拖延，不妨去教导他人怎样停止拖延，这种“做不到之前先假装做到”的方法，能让你的行为发生一些小小的改变，而你的意识就会跟着改变。

毛里西奥·埃斯特雷拉（Mauricio Estrella）在 2011 年度过了一段艰难的时期。离婚让他陷入了严重的抑郁状态。虽然他很幸运，有朋友，也有强大的社交网络的支持，但他仍觉得自己的生活失去了控制。每一天，他都扪心自问："她怎么能对我做出这样的事情呢？"他需要一套解决方案，速效的那种，让自己重新掌控生活。有一天，毛里西奥坐在电脑前工作，在登录电子邮箱时收到了一条熟悉而又恼人的提示："你的密码已过期。请点击'更改密码'来更改密码。"突然之间，他冒出一个疯狂的主意："我要用一个密码来改变自己的生活。"[1]

毛里西奥回忆起老板通常会用待办事项的信息作为密码，所以决定这回使用重获生活控制权的待办事项作为电子邮箱的密码。毛里西奥不再使用出生日期、最喜欢的食物、长大的地方等常规密码，而是将密码改成了"Forgive@h3r"，意思是"原谅她"。这个简单的行动改变了他对前妻的想法，也真正地改变了他的生活。他不再对前妻充满敌意，而是提醒自己要原谅她。实际上，这不只是一个提醒。因为毛里西奥有意识地选用了这个密码，并且每天都要输入若干次，他意识到，自己已经准备好原谅前妻了，每一次他输入密码，都能让自己的心理与身体加速痊愈。毛里西奥说，他几乎立刻就感到自己的状态有所好转。他不仅通过输入密码打开了自己的电子邮箱，还释放了自己的精神和心灵。他学到了重置大脑的一个重要心理窍门，即所谓的神经记忆。

毛里西奥再也不用老一套创建密码的方法了。一个月后，电脑又要他更改密码，这回他改成了“Quit@smoking4ever”，意思是“永远戒烟”。这让他快速地放弃了吸烟。5 年之后我再见到他，他已经再婚 2 年了，过得很幸福，孩子再隔几个月就要出生了，而且自那以后他再没抽过烟[2]。

更改密码怎么就能让人戒烟呢？向跟你关系不好的人借书，怎么就能把他变成朋友呢？接受一份报酬少或者没有报酬的工作，怎么就能让你更加享受于其中呢？持之以恒地购买一只股票，怎么就能让你不愿意卖掉它呢？参加一场活动，怎么就能有助于你赢得爱情呢？答案在哪里？在神经记忆里。

前人智慧教导我们，行为的改变始于意识。一本励志或心理自助类图书会告诉你，如果你想要克服自己的恐惧、做个更优秀的人，或者过得更幸福，你需要改变自己的思考方式。传统的心理治疗师在指导那些想要感觉更好的人时或许会说，要告诉自己“我很好，我很聪明，大家都很喜欢我”，并放弃原来的消极自我对话。

但是经过多年的心理治疗，阅读了许多心理自助类图书后，人们仍然很难控制自己的意识。他们发现，人要耗上几年时间，甚至一辈子才能学会通过改变想法来改变行为。那是因为，前人在这方面的智慧根本是错的。好在如今有一种更快也更简单的方法能破解大脑的秘密，帮助你坚持做自己想做的事情，并得到了科学的支持——我称之为“神经记忆”（neurohacks），与之相对应的武器称为“行为在前”。

神经记忆，一套强大的心理技巧

前人智慧到底哪儿错了？其实他们把顺序弄反了：持久的行为改变通常并不始于意识，也就是告诉身体要做出持久的改变；而始于行为，也就是要先做一些小小的行为改变，接着让意识反映出这种改变（见图 6-1）。

前人智慧（改变始于意识）	行为在前（改变始于行为）
改变意识 ——→ 行为跟着改变	改变行为 ——→ 意识会跟着改变

图 6-1　前人智慧 vs. 行为在前

自我认同是这一改变过程的关键部分。人们通常会根据自己怎么看待自己，来决定是否做某件事[3]。你是会先去写完博客文章，还是停下来喝杯鸡尾酒再说？你是会鼓励自己再跑 10 分钟，还是直接停下来改成慢慢走？你是能一整天都保持清醒，还是会屈服于诱惑，喝上一杯酒？

答案部分取决于人们怎样看待自己，以及他们过去碰到类似情况时是怎么做的。如果你大多数情况下会把博客文章坚持写完，那么这一回，你大概还是会先写完再做其他事，而不是中间停下来喝一杯酒。一个原因是，这样做已经成了你的习惯。另一个重要的原因是，把博客文章写完，让你形成了一种自我认同：你是个能把事情干完的人。你过去的行为表明，你会先完成工作再休息，你需要与这种自我认同保持一致。同样的道理，一个人能不能再坚持跑 10 分钟，或者保持一整天都清醒，取决于他回首过去时是怎么看待自己的。如果他过去的行为表明他是一名战士，那么，他就会想要保持这种形象，坚持到底，战斗不休。

同样，如果一个人对自己说，“我过去所有的生意都失败了，我肯定是个失败者”，那么这样的想法会将自我认同为一个失败者，这个人很可能真的会把将来的生意也搞砸。按照励志类图书说的办法，比如告诉自己“我不是失败者”，是很难改变这种状态的，因为一旦你开始一桩新生意，碰到棘手局面时，便会自动回忆起上一次碰到类似局面后生意失败了的场景。**行为在前这一武器不靠自我暗示，而是从行为入手，进而重置思维，好让我们不再认为自己是失败者。**

举个例子，如果你想成为一个更善良的人，你不要只对自己说“我是个好人”，而是要从帮助有需要的人着手。这时你就会认为自己成了一个善良的人，而这种自我认同会让你十分容易地坚持做一个善良的人。

这就是行为在前这一武器帮助人们持续行动的逻辑。它之所以能够有这一效果，是因为它使用了神经记忆这套心理技巧，神经记忆也是方便而快速地重置思维的方式。借助神经记忆，行为在前的力量能让人重新认识自己，让人坚持做以前做不到的事情。我们可以运用行为在前这一武器来做自己想做的事，也可以用它让别人做一些对他们自己有益的事情[①]。

你碰到过这样的情形吗？你牙痛、头痛或者其他身体部位痛了好几个小时，但你坚持不吃止痛片，期望疼痛自行消失，可它就是不消失，并长时间地伴随你左右，让你以为疼痛永远都不会结束了。此时你才刚过了生日，你意识到，这种挥之不去的疼痛是自己正在变老的迹象，这就是老年人的感受，而且这种疼痛将始终存在于你日后的生活里。于是身体衰老的痛苦让你屈服了，你决定放弃不吃药、让身体自己康复的念头。你服了一片止痛药，哎呀，这种感觉真神奇……疼痛竟然消退了。第二天早上你醒来，以为疼痛又会像前几天一样强烈地袭来，可出乎意料的是，疼痛没有再次出现，至少，你比前一天感觉轻松许多。

这是怎么回事呢？止痛药的药效只能维持几个小时，疼痛应该会在第二天重新出现才对呀。但疼痛并未出现。原因在于，止痛药所带来的效果是一种神经记忆。当你在疼痛中挣扎时，你或许以为痛感要持续几天或者几个星期才会消失，但一颗小药丸让你找到了一种新的思考方式，并重置了你的思维，让你想起了几天前不疼时的感觉。止痛药给了你一种全新的方式去思考这个世界和你自己。你很快就改变了想法，不再认为自己是一个患有慢性疼痛、要不断吃止痛药的老家伙，而是意识到自己还是几天前没有疼痛的那个人，你不需要依赖长期服用止痛药。这种转变的发生，不是因为你尝试重新控制自己的想法，说服自己不再

① 行为在前是强有力的武器之一。如果你想在他人身上使用该武器，请务必是出于社会福祉的考虑。

感到疼痛，也不是因为药物的成分在发挥作用，因为药的效力早就过去。转变之所以能发生，完全是因为服用小药丸的行为是一种神经记忆的手段，从而实现了行为在前，促成行为改变。

我有个同事是得到过专科资质认证的成瘾性药物医师。我们曾一起从事一项研究，希望能找到减少药物成瘾性的方法。他告诉我，那些药物成瘾患者有时会在来看病的一年后给他打电话，说自己奇迹般地断了瘾，只是因为有一天自己醒来后，看待世界的方式彻底不同了。他们经历了一个“顿悟瞬间”，意识到自己可以不去服用那些成瘾的药物，从此以后就再也不会陷入成瘾了。这类故事十分罕见，但它们表明，“顿悟瞬间”确实存在，并激励我们研究怎样人为地创造出这样的瞬间。我会介绍一些合乎法律、危害更小的方法，来改变你的行为和意识。

行为在前的 4 种类型

如果 21 岁的时候，有人问我最害怕什么，我会说，害怕自己置身于一个既不会说当地语言、身上又没钱，还不认识任何人的陌生国家。给出这个答案后不久，我就落到了这般境地。

当时我正读大四，即将毕业，经历了一段艰难的时期。我刚草率地跟女友分了手，更糟糕的是，我不知道这辈子打算干些什么。我以为自己会做些跟音乐相关的事，但出于兴趣学了心理学之后，我受到了心理学教授和导师们的鼓励，说我应该申请就读心理学的研究生。于是，我决定试试看，哪怕我的主修专业是与其毫不相关的民族音乐学。我写完并提交了申请书，三封必需的推荐信里拿到了两封（后来我发现，我的辅导员并没有把我的推荐信寄给我申请的院校），等到 1 月 18 日，我就离校前往委内瑞拉的加拉加斯，环游南美洲玩音乐去了。我打算来上一段电影《摩托日记》（*Motorcycle Diaries*）风格的旅程，只是不像切·格瓦拉那样骑着摩托。我会搭乘能让我横穿南美大陆的任何交通工具——后来我才知道那只包括公交车、亚马孙河上的船，还有就是搭便车。一路上，我都在等待研究生院传来的消息，看看自己能不能得偿所愿，被任何一所学校录取。我还留着一张单程票，以免自己被所有学校拒绝。

我把这段旅程的起始点标在了地图上，并住在加拉加斯一个朋友的朋友那里，但之后的旅程，我决定视每天早晨醒来时的心情去安排。在加拉加斯住了几天之后，一天晚上，我回到住处，发现我存下来的所有旅费都丢了。我又怒又急，不知道该怎么办，也不知道该找谁求助，要知道加拉加斯可是委内瑞拉谋杀率最高的地方之一，警察们要对付的麻烦恐怕比一个美国佬丢了钱更重要。好在我还有一张信用卡，就用它搭上了前往亚马孙雨林的车。在那里，我发现自己最害怕的事情就这么来了：我才刚学葡萄牙语，还孤身一人，所有的钱又都在信用卡上。然而，丛林里没有刷卡机，蟑螂和苍蝇还围着我到处飞，伸手一抓就是一把。

结果并不算太糟糕，实际上，简直是棒极了。在接下来的两个半月的旅程中，陌生人会邀请我去他们家一起住，学习用尤克里里演奏桑巴，让我克服了对当下处境的恐惧。记得有一天，我走在里约热内卢的街道上，突然想起自己过去最害怕身无分文地流落到陌生的地方。于是我回顾了自己的经历，意识到自己已经不再害怕那些事了，因为我已经有了真实的体验，还很喜欢这种体验。事实上，我觉得自己变了：我能够做以前不能做的事情，比如前往新的地方，而且是在没有钱、没做计划、没有朋友的情况下。不知不觉中，我运用了行为在前的武器[①]。

> **行为在前的力量可以让人们回顾自己过去的行为，看到自己的改变，从而坚持做之前没法做到的事情。**
>
> STICK WITH IT

行为在前的武器不仅可以改变我们自己的行为，也可以让其他人坚持做事。例如，它能让人们接受一种身份，在这种身份下，人们只使用特定类型的产品，比如成为高级会员并坚持使用高级会员产品，以求符合人们对高级会员的身份认同。

行为在前能通过两种心理活动来让一个人坚持做事：第一，人们相信，如果没有非做不可的压力，自己仍然在做某件事，那一定是因为这件事很重要。人们会坚持这种行为，以求与对自己重要的事情保持一致。第二，人们通过回顾过去做的事情来形成自我身份认

① 我对行为在前的定义是：它使用了神经记忆这种心理技巧，通过让人们回顾过去的行为来重置大脑。其实，本书其余部分介绍的武器，如果可以让人回顾自己过去的行为，并根据反思得出自己是什么样的人，也可视为行为在前。例如，一个认为自己无法将爱好坚持到底的人，或许会使用阶梯模型或社交磁力来坚持新的爱好。只要他在这一爱好的事情上坚持做了若干次，并回想起自己做了，他的大脑就能够得到重置，意识到自己不同于最初所想，成了一个不一样的人，他能够坚持爱好了。因此，其他武器也可同理阐释成行为在前。

同。也就是说，人们会继续做某件事，是因为这是他们自我身份的一部分[4]。

现在，我要向你介绍行为在前这一武器的科学原理，以及它为什么能发挥作用。另外，针对怎样将行为在前运用到生活和工作中，我提出了一些自己的想法。我按行为、身体动作、生理和情绪、言语、认知五个层面将行为在前分为五类，方便你理解。

行为层面

本杰明·富兰克林在竞选第二任州议员时，他的一位同事发表了长篇演讲，企图破坏他的名誉。富兰克林意识到，只是还击对方，短期内或许有帮助，但最终可能会影响自己的职业生涯，所以他必须赢得贬低自己的这个人的支持。富兰克林该怎么办呢？他使用了一招行为在前的手法，改变了对手的想法，赢得了对方的支持。

富兰克林听说那个对手以拥有一本罕见的书而自豪，就联系他请求借来一看。对方觉得这个请求特别受用，很快就把书送了过来。富兰克林就此写了一封友好的感谢信。这个小小的举动，永远改变了两人之间的关系，帮助了富兰克林的事业发展。该举动让对手的思维有了大幅转变，并重启了他的大脑，让他意识到：富兰克林不是自己的对手，因为对手之间不会互相借书，也不会对借书表示感谢。等到下一次召开议会时，这人头一回主动靠近了富兰克林。那天之后，两人便成了朋友。且他们的友谊并不只是持续了一两个星期而已，小小的借书请求，带来了一段持续了一辈子的友情。富兰克林承认，他从此事中学到了重要的一课，那就是要向对手运用行为在前的技巧，而不是对抗与还击。“跟你向对方表达善意比起来，一旦对方开始向你表达善意，他就会愈发乐意再次表达善意，而且这表明，谨慎地消除恶意，比憎恨、一报还一报、打两败俱伤的官司，益处要大得多。”[5]

富兰克林想办法改变了竞争对手的行为方式，进而改变了对手与自己的关系。富兰克林给了对手一种新的身份，让对手把自己当成朋友而非敌人。为了与这种新的身份保持一致，对手会全身心投入地向朋友富兰克林表现出善意。

富兰克林的故事说明了促使他人做好事的方法，在本例中，就是结交新朋友。然而这种方法，比如让人采取行动并进行回顾，也可用于让人做其他的事情，甚至是一些不好的事，比如可能会让受过教育的善良人加入非法组织，如第 3 章中亚尼娅的故事。恐怖组织也会利用行为在前的力量来招募更多新人加入自己的队伍[6]。如果一个恐怖组织能让人自愿去做一些简单的事情，比如访问网站、注册会员、授予访问权限、了解更多信息等，该组织就能让这个人改变看法，让其逐渐认为自己有兴趣了解该恐怖组织。尽管这个人并不认为自己是恐怖分子，也不认为自己愿意做坏事，但这种新的身份可能会让这个人增加自己对该组织的接触。

直面那些让你恐惧的东西是实现行为在前的方式之一。一如我在南美洲的经历让我克服了自己的恐惧，让一个人多接触自己恐惧的东西，或者恐惧程度略轻的同类东西就能帮他克服恐惧。这得到了科学的支持。

STICK WITH IT 行动实验室

12 分钟交谈的魔力

在一项研究中，研究人员邀请了一群异性恋男士，这些人因找不到约会对象而焦虑，觉得自己不擅长社交，缺乏吸引力。研究人员想看看能不能破解男士们的大脑，改变他们的自我感觉，从而改善他们的约会过程。研究人员让这些男士们跟女性配对，进行 12 分钟的交谈，随后男士们报告说，感觉自己没那么焦虑，也没那么恐惧社交了。到了第二天，交谈带来的效果并未消失。研究人员在 6 个月后对这些男士跟进调查，发现跟最初的情况比起来，他们进行社交时感觉舒服多了，而且更常出门约会了[7，8]。

身体动作层面

你是否知道，**你的决定，比如你喜不喜欢一个人，认不认同他所说的话，都取决于他说话时你身体的动作。**

一项研究请被试看一段关于学生为什么应该随身携带身份证的宣传片。研究人员让一半被试一边看一边上下摆动头部，另一半被试一边看一边左右摆动头部[9]。看完之后，研究人员询问被试，是否认同宣传片里学生应携带身份证的建议。研究人员发现，被试对宣传片的认同，取决于他们在听的过程中怎样运动头部：那些上下摆动头部，就好像是在点头赞同的被试，有更大的概率认同这个建议；那些左右摇动头部，就好像是在摇头否定的被试则更可能不认同这个建议。为什么会有这样的结果呢？因为研究人员故意要求被试按照认同（上下点头）或否定（左右摇头）的方式来运动头部。被试并未察觉研究人员的目的，但他们凭直觉知道，自己认同某事时会点头。正因为他们一直在点头，所以从直觉上认为自己肯定是认同相应说法的。科学家们了解到，只要能让人按表示同意的方式去活动身体，就能让他们产生更多的认同感。

一项类似的研究考察了人们的自尊心是否会受到“用哪只手回答问题”这一看似无关事情的影响。按研究人员的要求，学生们写下自己符合将来职业发展方向的个人素质。研究人员要求一半人用常用的右手（惯用手）来写，另一半人用不常用的左手（非惯用手）来写。学生们所写的内容大多是：工作努力、态度积极、灵活上进。接下来，研究人员请他们评估自己的自尊心，以及对其列举的个人素质有多自信。

你大概知道用非惯用手写字是什么感觉。兴许，你碰到过这样的情况：一通重要的电话打了进来，你必须拿笔记录一条信息，而你的惯用手却正拿着三明治或者其他油乎乎的食物。此时，你只能用非惯用手来写字了。真是一团糟，你发现自己的字迹像是倒退到了小学二年级，在书法课的作业本上得了个“差”。好在如今没人会评价你的字迹了，因为你此刻对自己感到不太满意。

这跟研究人员的发现完全吻合。与使用左手写下答案的学生相比，用右手书写自己所具备的正面素质的学生都给自己的自尊心打了更高的评分。原因在于，当人们回顾自己的工作时，如果字迹潦草、显得不够自信，就会让他们对自己缺乏信心。

与摇头研究相似，研究人员发现，人们的信心和自尊心会受一些看似无关之事的影响，比如用哪只手完成任务。虽然大多数人往往以为，自尊心是完全内在的东西，人的自尊心要么强，要么弱，且增强自尊心的秘诀在于控制好思维，不再对自己总持有负面想法。但是，这些关于行为在前的研究表明，我们可以使用一种不一样的，甚至更加简单的方法改变自己。

不必控制自己的想法，只要对自己的行为做一些小小的改变，你的意识就会跟着改变。

STICK WITH IT

简单的行为在前，比如选择用哪只手来写便签，哪只脚踢球，跟着音乐跳哪种类型的舞蹈，就能决定人的自尊心的强弱。从更广泛的意义上来说，研究告诉我们，使用身体动作可以作为运用行为在前这一武器的一种方式，改变人们如何看待自己。

生理和情绪层面

你也许听说过，有人会故意约女朋友去看恐怖电影，指望女朋友吓得紧紧抱住自己。这种小心思听起来荒唐，但实际上真有一定的科学支持。

如果人们进入生理兴奋状态，比如因观看恐怖电影产生的生理兴奋，有时会被误以为是其他事情导致的，比如担心约会进展是否顺利。事实证明，一个人观看的是《电锯惊魂 3》还是《星球大战 3》，决定了他是否将继续约会。

心跳声与异性吸引力

有关这一主题的若干项研究在多年前就进行过，它们采用的方法放到如今，恐怕很难被实验伦理委员会认可，但确实说明了一些关于人的有趣事情。例如，有一项研究是请男性被试看一些女性的照片，同时给他们戴上生理学设备，播放预先录制好的声音，好让这些被试错误地以为听到了自己的心跳声。一组男性看照片时听到的是心跳声加速或减速的音频，另一组男性则一直听到速度稳定的心跳声。接着，研究人员请被试评价照片中女性的吸引力。

暂停一下，看看你能不能理解我想要表达的意思……在传统观念里，自尊心不会受到用左手还是右手写字这种微不足道事情的影响，与此类似，人们普遍的观点是，吸引力是件纯粹主观的事情，不会受到心跳声快慢这种无关因素的影响。但研究结果并非如此。研究人员发现，如果男性被试看照片时听到心跳速度加快或放慢的声音，就会认为照片里的女性更具吸引力。这种效应在研究结束之后也并未消失，且很持久：研究结束后 4 ～ 5 个星期，研究人员拜访了被试（但假装成是因为别的原因来拜访的），得知他们仍然偏好自己所选的女性[10，11]。

这项研究是在 20 世纪 60 年代做的，许多人都不相信这样的结果。此后的 10 多年来，有些研究试图重新检验这一现象，但都发现了类似的结果[12]；甚至还有一项神经科学研究表明，如果让人们一边听着自己的心跳声（其实是假的录音）一边做事，大脑的行为也会有所不同[13]。

有大量研究表明，人们会凭借自己的生理和情绪征兆，了解自己是什么人、在想些什么、怎样采取行动。例如，人们会回顾自己的情绪状态，了解自己在一场活动中是高兴还是伤心。这么做背后的理念是，情绪的外在表达，比如微笑或皱眉，可以让人感觉到情绪状态，哪怕他们并未意识到自己流露出了这些表情[14]。

以微笑为例。如果你要教别人怎样微笑，或许会告诉他们，让嘴角朝着眼睛的方向动；又或者，你可以给他们铅笔一类的东西，让他们用牙齿横着咬住，因为这能迫使肌肉模仿人微笑的动作。研究人员做过类似的研究，他们把实验对象分成两组，不是让实验对象微笑，而是请第一组人用牙齿咬着铅笔，模仿微笑的表情，但研究人员并没有告诉参与者这样做的原因。对第二组人，研究人员希望参与者不要微笑，所以让他们用嘴唇紧紧地夹着笔。你不妨试试看，用嘴唇紧紧地夹着笔再露出微笑，你会发现这可不容易。接着，研究人员会让参与者做不同的活动，比如看漫画，并让他们报告漫画好不好笑[15]。

你说不定对研究结果已经有所察觉了。尽管人们对某事是否好笑的评价，应该不受自己是用嘴唇还是用牙齿夹着铅笔这种事的影响，但研究人员发现，用牙齿咬着笔的人认为漫画更好笑。参与者甚至根本没有意识到自己是在微笑，还是嘴角被笔卡住了而没法微笑。一切都发生在他们毫不知情的情况下。

一些研究让实验对象说一些能让面部肌肉做出特定动作的单词，或者让他们发出此类声音，结果也发现了类似的结果。比如带双点变音的德语单词就是一种很受欢迎的研究工具，因为双点变音让人没法微笑[16]。心理学家和医生们还使用了让人的面部肌肉难以运动的肉毒杆菌来研究这一效应，因为将肉毒杆菌注射到人脸部的特定位置，可避免脸上出现皱眉或生气的表情。研究发现，让注射过肉毒杆菌的人皱眉，跟注射前相比，其表现情绪的大脑区域的活动程度有所降低。换句话说，实验对象在注射肉毒杆菌之后，报告说对事情没那么生气，也不能皱眉了。研究还证明，这么做能减少抑郁情绪[17]①。

如你现在所知，这些方法非常简单而有效。**我们无须努力控制自己意识里冒出来的想法，只需要运用微不足道的生理或情绪层面的行为在前，就能带来意识和行为上的重大变化。**这不足为奇，科学家们已经开始研究怎样将它付诸实践了。研究显示，生理和情绪层面的行为在前可以帮助改善患者的情绪[18]，甚至减弱种族主义[19]。

言语、认知层面

言语层面的行为在前建立在以下理念上：**言语中的小小改变，能够影响人们对自己的看法及其行事方式。**我们拿老版《周六夜现场》（*Saturday Night Live*）为例。还记得艾尔·弗兰肯（Al Franken）扮演的蹩脚治疗师斯图尔特·斯莫利吗？如果你从来没看过这个节目，我先介绍一点节目背景。按照节目的典型设计，斯图尔特会跟患者（通常是主持人，比如明星迈克尔·乔丹）进行面诊治疗。斯图尔特会给乔丹提供干预手段，帮助他改善自我感觉。他让乔丹对着镜子大声说：“我很好，

---

① 我是个喜欢寻找奇怪途径来研究人的家伙，在这里，我想自豪地说一句：面部表情背后的研究理论和方法，是我的研究生指导老师罗伯特·扎琼克（Robert Zajonc）创设的，他是心理学该领域的先驱。

我很聪明，大家都很喜欢我！”虽然节目是对蹩脚治疗师的恶搞，但从更高层面上看，它强调了如今心理学家们的共识：人们使用的语言会影响他们的自我感觉，影响他们将来要做的事情。

STICK WITH IT 行动实验室

言语对行动的影响

有一项系列研究请人们回答他们参加投票选举的可能性。研究人员所问的问题有两种措辞方式：“去投票对你来说有多重要？”以及“身为选民，去投票对你来说有多重要？”。看到前一个问题的人，要思考的是做某事对自己来说有多重要；看到后一个问题的人，要思考的是成为某类人（选民）对自己来说有多重要。研究人员认为，让人们重视选民的身份，而不是只强调投票，能够让人们采取不同的行动。研究人员发现，这种方法的确发挥了作用：那些认可选民身份对自己很重要的人，投票率更高[20]。

其他研究领域，比如研究欺骗的实验，也发现了这一效应。研究人员先告诉被试“不要欺骗”或是“请别做个骗子”，接着安排机会，让被试有机会占别人的便宜并拿走不属于自己的钱。结果显示，听到“不要欺骗”指导的被试拿了很多钱，而听到“请别做个骗子”（与人的身份认同挂钩）的人，则完全没有做出欺骗行为[21]。

认知是行为在前这一武器的最后一个层面，它让人们回顾自己的想法，了解自身行为。如果人们可以改变想法，也就可以改变行为。

以走神为例。一项系列研究先对人们应该想些什么事情做出指示，接着又要人们去做与之相关的活动，比如拼图。接着，研究人员问这些人是否喜欢所做的活动，在做的过程中是否走神了，如果走神了，那么走到什么主题上了。研究人员发现，这些人回顾走神的情况时，会把它视为自己是否享受所做活动的线索。如果他们在从事这些活动的时候，经常想到其他无关的事情，他们会说，自己不太喜欢所做的活动[22]。换句话说，人们认为，在从事喜欢的活动时，自己是能够保持专注的。与前文所述其他层面的行为在前案例一样，我们发现，虽说我们总以为人知道自己喜欢什么、不喜欢什么，但要是能让人朝着其他方向走神，你就能改变他们的偏好。

> **如果人们从事某一活动时能够全神贯注而不是频繁走神，他们就会更喜欢该活动。**
>
> STICK WITH IT

但认知又是行为在前这一武器中最难执行的一个层面，这是因为控制自己的思维很难①。运用其他层面的行为在前则要容易得多，你只需让自己的行为、身体动作或生理及情绪做出细微的改变，而不用完全控制你的想法。

① 这也解释了我为什么要将行为在前这一武器与前人智慧做比较。在前人智慧里，要让人们改变行为，要先改变他们的想法。我不是说这是错的或者不可能做到，只不过它太难了。比方说，如果人们想克服对演讲的恐惧，可以从在网上或是向朋友做一段简短陈述入手（行为在前），而不是努力劝说自己相信不害怕。

好了，这下你已经掌握了不同层面的行为在前背后的科学原理，那么该怎么把它运用到生活和工作中呢？

如何运用行为在前掌控自己的生活

我是《报告狗班长》及西泽的忠实粉丝，出于几个原因，我很喜欢他的表演。虽然他不是训练有素的心理学家，但他能轻松地理解心理学，并知道怎样运用心理学知识。我也很喜欢动物。看到害怕去海滩的拉布拉多犬能够愉快地跟着主人在沙滩上奔跑，会觉得可爱极了。我喜欢西萨的节目，还因为它给了我灵感，让我想出了新的研究方法来测试行为在前。

拿 27 公斤重的实验犬诺拉来说吧！它是黑色拉布拉多和白色德国牧羊犬的混血。它 3 岁左右，非常闹腾，还会偷走我们小宝宝的玩具用来磨牙。看到我父母来了，它也会没头没脑地想撞破钢丝网门去迎接他们。值得庆幸的是，每当它失控时，我有个百试百灵的法子让它听话。我运用的就是行为在前的力量。

诺拉顺从、听话的时候，会做出一些十分具体的动作。例如，每当我到家时，它会冲到门口迎接我，并低着头、扬起眼睛看我，还会摇尾巴，大耳朵向后垂下来。我发现，它的耳朵就是开启行为在前力量的秘密通道。

碰到诺拉开始发狂时，比如早晨它会朝大街上坐在轮椅里的老太太狂叫，它还会在我们的起居室里来个“8”字跑，就好像一匹要去参加绕桶大赛的马，这时我会把它调整到顺服模式，好让它听我的话。我的秘诀就是，把它的身体变成它顺从时的自然姿态。我会轻轻地把它的耳朵往后往下抚弄，让它变成在门口迎接我时那样。只要我把它的耳朵往后往下压，诺拉立刻就顺从起来了。这一招我百试不爽。它会从发狂的状态中清醒，且不管刚才是什么让它发狂，它都能立即镇定下来，愿意听我的话。

尽管有大量研究考察了行为在前的科学原理，但对如何将它运用到个人生活里，却没有太多相关实践。我提炼了心理学多年来不同领域的研究，创造出了行为在前的概念。在后续的内容中，我将举一些例子，说明你怎样在不同的情况下运用行为在前。虽然这些案例和方法尚未得到科学证实，但我希望，这些例子能让你更好地理解行为在前的原理，从而想出新的方法去检验它们，找出哪些方法在自己生活里最管用、效果最好。

- **你想要获得更强的身体控制力吗？** 凯拉·马丁（Kayla Martin）是我们一项研究的参与者，她长期被剧烈的慢性疼痛困扰着。由于承受了多年的疼痛，她的身体愈发衰弱，简直快要没法动弹了。于是，她对自己的行为做了一个小小的改变：第一次接受了物理治疗。她向另一位参与者形容这一改变怎样重置了自己的大脑，让她对自己的身体和慢性疼痛有了更强的控制力：“宇宙让事情发挥效果的法门太神奇了。我正在浏览互助社群的帖子，我也读过你的帖子……我不禁笑起来。因为，最近我感觉自己转运了……就像是一切都朝着积极的方向转过去了。我相信这是因为物理治疗。每当我看到或感觉到力量在一点点地回到自己的腿和胳膊上，我的心中便会受到极大的鼓舞。虽然我还没有完全恢复，但我感觉自己终于朝着这个方向前进啦。在接受物理治疗之前，我尝试过医生的很多建议，包括痛点注射、超声引导注射、硬膜外注射、针灸、瑜伽、找精神治疗师……但我的状况越来越差。物理治疗对我的思想、身体和精神真的很好，虽然它的治疗方式很奇怪。总之好极了！”凯拉的话表明，物理治疗是行为在前的手段之一，她通过回顾，发现自己的身体做到了以前无法做到的事情。这重置了她的大脑，让她再次感到充满希望，重新步入了健康的轨道。

- **你想让孩子更懂得感恩吗？**那就让孩子去做“懂得感恩的人”会做的事情，比如参加志愿活动，这样的行为在前方法或许会有帮助。有一项研究发现，参加志愿活动的青少年会更关心他人[23]。让孩子自愿帮忙，能为他们塑造一种身份：他们是喜欢参加志愿活动的人。如果你能让孩子做得心甘情愿，那就更好了，这可以让他们更懂得感恩，并坚持参加志愿活动。

- **你想不再拖延吗？**不妨创建一个治疗拖延的自助小组或播客。如果你自己都拖拖拉拉的，那就很难领导一支团队，也很难让别人不再拖延。教导他人怎样停止拖延，也能让你自己更容易停止拖延的习惯。

想想你的治疗师，他看上去是多么地放松，这能让你意识到，治疗师的平静来自他所扮演的精神健康专家的角色。这种“做不到之前先假装做到”的方法，就是行为在前的手段之一：如果你自己不够优秀，就无法领导他人放弃拖延①。它也有助于人们看到自己新的一面，不再拖延。

- **你想更投入地享受当下生活吗？**不妨去参加即兴表演课程吧。即兴表演要求人们顺势而为，因时而动，因为即兴表演的首要规则就是认同并遵从每个人对角色的陈述[24]。参加即兴表演课程，学习怎样适应不同的环境，这就是一种重置思维的行为在前手段。它让人们有了新的认识，那就是自己能够顺着生活中起起伏伏的势头走。若你不喜欢即兴表演，更喜欢音乐，那你可以试试听爵士乐或学习演奏爵士乐，它们的效果与即兴表演类似。爵士乐在很大程度上依赖于即兴发挥。如果人们能够学会欣赏爵士乐的自由和看似松散的音乐结构，就一定能意识到：自己就是那种能享受随性而发的人。让人更享受当下生活的行为在前手段，不仅限于即兴表演或演奏爵士乐，还有很多其他可行的方法可达到同样的目的，比如改变穿衣风格、职场举

① 所有的事情都有例外。领导一支团队就意味着你必须体现该团队的所有特点，这一设想当然也存在例外情况。人们经常以某些虚伪的传教士或老师为例，他们本应做他人的道德表率，实际上却道德败坏。行为在前并不是100%能改变人们的思想和行为的武器，和其他章节介绍的武器一样，它能让指针指到更可能让人改变的方向。这种武器如果能跟本书中介绍的其他武器结合使用，效果更佳。

止，或看不常看的电视节目。

- **你想拥有更大的社交网络，跟其他人建立更多的联系吗？**许多人回顾友谊时感到孤独。对此，前人智慧要求人们改变自己的想法，让自己觉得并不孤独。但改变自己的想法很难。行为在前的原理告诉我们：**与其改变自己希望与他人更亲近的想法，不如去做一些事情，让你变得跟他人更亲近。**你可以选择“擅长交际的人”做的事情，比如跟朋友、线上和线下社群的成员，甚至是跟陌生人分享私人信息。分享的过程能让人感觉彼此之间联系更强，跟世界之间的联系也更强。当人们坦诚分享并回顾此事时，便会意识到，自己跟他人之间必然有着某种联系；否则，就不会与对方分享私人信息[25]。

如何运用行为在前让用户做出选择

在工作和商业活动中，同样可以运用行为在前的原理，比如让大家说说想要些什么就可以成为一种重要的行为在前手段。**那些自愿决定去做的事，比如决定自己想要这份工作而非那份工作，或是自己选定完成工作任务的日期，都会让自己有更大的概率坚持行动，实现预期。**

我把这叫作“让选择变得容易接受”。但你该怎样获悉他人对某件事的接受态度呢？方法之一是向他们提供若干选择，请他们挑选。如果这是他们的决定，而不是你的，那么，他们有更大可能将该选择坚持行动下去。

在第 5 章中，我建议限制选择的范围，原因就在这里：**选择范围小，人更容易做出选择并坚持下去。**你是否还记得，在第 2 章里，手机软件“减肥宝”让用户在入门阶段保持投入度。它先向新用户展示少量选项，询问他们使用软件是为了“减肥”“保持体重”，还是“增重”。我猜，大多数人下载这类软件不是为了保持体重甚至增重的，但这也没什么要紧的，重要的是，人们要做选择。如果软件能让用户从选项里选择一个，它其实就开始运用行为在前这一武器了：让用户信守这一决定。如果人们回想起自己曾说过，使用这款软件是为了减肥，他们就会专注地想要坚持用该软件来减肥。如此一来，该应用程序通过让人们做出选择，成功地赢得了用户。

让选择变得更容易接受，不仅对企业有帮助，家长也可以通过它来影响孩子的决定。举例来说，如果你想让孩子吃早餐，别直接打开冰箱，问他们想吃什么，这个选择范围太大了。不妨试试提供两三样东西让他们选，比如是吃麦片，还是吃鸡蛋。如果你能让孩子们回答想吃哪一种，也就是让他们自己做出选择，他们就更有可能会贯彻该选择，乖乖地吃完。**让选择变得容易接受的关键在于：要让人感觉是自己主动选择的。**如果一个人感觉自己是被迫选择做某件事的，就会适得其反，就会让他不愿意坚持下去。

我们之前说会在后面的章节里重新讨论阶梯模型。好，那就是在这里了。阶梯模型能发挥作用的一个原因是：人们完成的每一步，都增强了他们坚持下去的承诺感。一个人连续游泳的天数越多，就越是想继续每天游泳。这种承诺让大脑很难放弃。想想看，一本书你读完的章节越多，就越是难以把它半途放下。我把这称为“连环链”，人连续做某件事的时间越长，连环链就越强。所以，使用行为在前这一武器的次数越多，效果越好。

某件事如果你只做过一次，比如怀着“更享受当下生活”的目标，上了一堂即兴表演课，那么，产生“我就是那种能即兴发挥的人”的新的身份认同是比较困难的，因为只上一次课暗示你并不愿意多去上几次课。可如果你上了好几堂即兴表演课，那么，你的思维就开始相信，我肯定是因为喜欢即兴表演课，才上了这么多次，我就是一个喜欢即兴表演的人，否则早就半途而废了[26]。这种身份认同能有效提高行为在前的效果，它有助于重置思维，让人们坚持做某事。**人们需要一遍又一遍地做同样的事情，来认同新的自我身份。**把行为在前与其他武器结合起来，有助于实现这一点，并将之深深地铭刻到人的大脑里。更多方法请参考下一章。

生活中和世界上一些最激烈的战斗是看不见的，因为它们只发生在人的思想里。自尊心弱、抑郁、上瘾和疼痛，都给人带来莫大的痛苦，可这又只发生在人的脑海里。有一个传统观点是，不管一个人是正受到焦虑等心理健康问题的折磨，还是为一些程度较轻的行为，比如无法坚持一项爱好而苦恼，都需要改变想法。只要改变了想法，行动就会跟上。但跟物理和惯性定律类似：在不受力的条件下，运动物体将保持运动，静止物体也将保持静止。没有动作的发生，就不会出现持久的行为改变。

> **持续行动始于行为实际的、实体的变化，而不是思想中的变化。**
>
> STICK WITH IT

光是寻思要穿上跑鞋，不会带来变化，要真正把跑鞋穿上，才会带来变化。这就是行为在前的科学原理。数百年来，人们已经熟悉了物理定律，在它的指引下，人们制造了飞机、计算机，开发了疫苗，行为在前的原理与之类似，它是一种行为上的力量，能帮助人们通过行动改变生活、改变世界。

行动练习清单
STICK WITH IT

用行为改变你的意识

1. 选择本章介绍的一种行为在前（行为、身体动作、生理和情绪、言语、认知），想办法把它运用到你想要改变的行为上。比如，你想要变得更享受当下，请去报名上一堂即兴表演课。如果你想让别人做某件事，比如让员工变得更加团结，那么下次开会时，安排大家做个练习，让每名员工回顾并分享一次团队合作的积极体验。
2. 把本章的练习跟其他章节介绍的武器结合起来，比如跟社交磁力结合起来使用。你将逐渐发现，创建一套整合了多种武器的计划，将怎样给你带来持久的改变。

STICK WITH IT

第 7 章

武器 6：致命吸引

极度诱惑能让你停不下来、自发行动

如果人们做某件事时受到奖励，就会继续做下去，这是奖励带来的诱惑，让事情更具吸引力。

但奖励与奖励之间也天差地别。普通的奖励和具有极度诱惑力的奖励的区别在于：前者能让人做某件事一次，后者却让人克制不住地坚持做下去。

从 2007 年到 2010 年，克丽丝蒂·拉科齐（Christy Rakocay）自称是个“优惠券购物狂”，她痴迷于在商店促销活动中使用优惠券，以最划算的方式买到商品[1]。她经常能拿到完全免费的东西，包括一些顶级品牌的食品、个人卫生和居家用品，还有清洁用品。

但克丽丝蒂买的到底是些什么呢？她流连于优惠活动丰富的卖场，去沃尔格林（Walgreens）连锁药店、CVS 连锁药妆店、来爱德（Rite Aid），随机地买下各种各样的东西，比如糖尿病监测仪、牙膏和感冒药。如果她发现用一张优惠券买 10 罐意大利面酱最划算，她就买 10 罐。但随着时间的推移，这些东西在她家堆积如山，她不得不花费时间整理它们，好让自己能轻松再买进需要的东西。有时，食物甚至会被生生放变质。在最走火入魔的时候，她甚至买过 100 瓶惠菲宁止咳糖浆，还买了 60 多台糖尿病监测仪，虽然她根本没有糖尿病[2]。

“显然，问题是我根本不需要自己所买的东西，”克丽丝蒂在一篇博客文章中写道，“优惠券狂热地激发了我购买不必要商品的冲动。”她发现自己囤积商品，购买不健康的食品，浪费了大量时间和金钱，直到

2011 年，她才戒掉了用优惠券购物上瘾的习惯。

“我在黑色星期五用了大约 8 个小时搜罗原本已经囤积了整整一屋子的免费牙刷、牙膏和其他东西，我说，得了，我不能再这么做了，”在接受 NPR 电台主持人米歇尔 · 马丁的采访时，克丽丝蒂这样说，“这纯属浪费时间。”

克丽丝蒂并不是唯一这么做的人，96% 的美国消费者都使用优惠券[3]。在数字时代，这意味着他们减少了拿着剪刀从报纸上剪下优惠券的时间，却用了更多时间在网络上浏览、搜寻它们。2016 年上半年，电子优惠券的平均面值比上年同期增长了 21.2%，远远超过同期纸质优惠券 0.6% 的增速[4]。整体而言，在本书完成前的 4 年里，电子优惠券的流通增长了 373%[5]。网络广告这么多，时间在搜索中不知不觉就过去了。相比只有纸质优惠券的时代，电子优惠券爱好者说不定花了更长时间来寻找划算的买卖。

不管媒体怎么说，美国都是一个喜爱优惠券的国家。那么为什么零售商喜欢提供优惠券呢？因为这对他们很有好处。有了优惠券，36% 的购物者会提前购买产品，29% 的顾客会购买超量的促销产品[6]。

如果人们使用优惠券的所有目的都是省钱，那为什么实际花的钱比预期要多呢？颇具讽刺意味的是，为什么最富裕的人反而使用优惠券最多呢？一项调查数据显示，在最富裕的消费者（收入超过 15 万美元）中，65% 的人没有优惠券就不购买产品，而在收入低于 4 万美元的人群中，这么做的比例只有 51%[7]。

答案是，因为使用优惠券很有趣。而远超有趣的是，它很容易上瘾，还很有吸引力。

欲罢不能背后的科学原理

道理很简单。**如果人们做某件事感觉受到了奖励，他们就会继续做下去。**我把这称为坚持一种行为的吸引力。

你不妨想想看，为什么人们满足了自己的基本生活需求之后还会继续购物呢？为什么他们会把钱花到那些自己不需要甚至永远不会用的配件、没有实用价值的小玩意儿，或者其他东西上呢？因为他们喜欢购物体验。诺德斯特龙（Nordstrom）等商场意识到了这一点，因此向顾客提供现场钢琴弹奏、有新鲜沙拉和其他诱人零食的咖啡馆，最重要的是，还有热心帮忙的销售人员，以确保顾客的购物体验更加愉快。

或许你见过着迷于淘金或淘贵金属的人。他们常常穿着粗布裤子，挽起裤脚，手持专业的金属探测器，在沙滩或历史遗迹上仔细地探测每一寸土地。他们为什么这样做？这是否有利可图，也很值得商榷。毕竟，你必须得提前拿出 500 ～ 1 000 美元购买设备。然而，现实情况是大多数人从来没能赚回成本，甚至连零头都没捞着。要是问他们为什么这么做，他们会说，这项活动很有趣，还期待找到一些贵重物品。对很多人来说，这是个爱好，还是一个让人十分享受的爱好。一位资深业余爱好者在网上论坛给新手们写了这么一段话：

如果你把它看作一项任务，或是一个经济命题，那就别费劲做这件事了。那些购买设备并指望扫荡乡间道路上的硬币的人，大多很快就把设备放到二手货交易网站上出售了[8]。

对智能手机，你也可以提出相同的问题。为什么会有这么多人用这么长的时间浏览手机上的内容？美国人是全世界最大的在线数据消费者，他们每天要在手机上浏览、阅读 4.7 个小时[9]。但手机上的内容能吸引人们超过理性限度不断浏览下去，似乎不只是给人们提供了愉悦感。

把无聊的事情变得有趣，为其赋予奖励的性质，有助于你坚持目标，不管你的目标是什么。

STICK WITH IT

一个世纪之前，就有人在研究怎样让事情变得有吸引力了。很遗憾，这些研究始于一些对动物不怎么友好的人。这些科学家叫作行为主义者，他们把猫、老鼠、狗和猴子等动物关在笼子里，给它们奖励或惩罚，试图理解是什么因素激发它们的行为。具体而言，行为主义者的操作性条件反射理论认为，学习是通过给予或剥夺奖惩来实现的。

以爱德华·李·桑代克（Edward Lee Thorndike）为例。20 世纪初，他把猫放进“迷宫箱”，研究它们怎样学习。他设计了一种不太明显的出箱方式，发现小猫虽然起初很困惑，但很快就学会拉绳子或推杠杆让自己出去了。

想象一下，有个留着一蓬大胡子的疯狂科学家把你关在一个箱子里。如果你逃脱了，大概会感觉很不错。经历了被困在箱子里的担惊受怕后，你重获自由，这滋味大概比你获得的大部分奖励，比如工作挣来的钱、打电子游戏通关后得到的分数等，都感觉更好。小猫们大概也是这样的，所以，它们很快学会了怎么做才能再次获得这一奖励。于是，在被关进箱子之后，它们迅速拉动绳子、推开杠杆，再次出来[10]。

著名行为学家斯金纳（B. F. Skinner）认为，所有的行动都依赖于以前的行动，也就是说，没有自由意志这回事。**日常生活中，我们只是习惯了以某种方式行事。如果做某件事的结果不好，我们就不会再做；如果结果好，我们就会重复这种行动或行为**[11]。

斯金纳不想使用桑代克的迷宫箱。于是，他制作了著名的斯金纳箱，把鸽子、老鼠等动物关进去，以食物为奖励、以电击为惩罚，试图让它们按压杠杆或执行其他命令。他发现，动物们的行为结果证明了自己的理论。

斯金纳也研究了这个实验在生活中能有什么实际应用，随后就有了个好玩的故事，不过，对动物保护者们来说，可能不太友好。第二次世界大战期间，美军需要改进导弹瞄准系统。对此，斯金纳设计了一种导弹，把鸽子装在里面，并利用鸽子的条件反射，把导弹引导到正确的目标方位。

斯金纳是怎么做的呢？他利用条件反射作用，训练鸽子识别出导弹的目标并做出回应。他们把鸽子放到导弹的前端，正对着显示了目标的屏幕。接受了条件反射训练的1～3只鸽子，会用喙啄食屏幕中的目标。如果目标仍然在屏幕中央，导弹将保持目前的航向。但如果导弹跟踪开始出错，目标图像便会移动到屏幕边缘。此时鸽子的啄食会向控制系统发出信号，表明状态出错了，从而帮助导弹回到正轨。

虽然这种做法奏效了，美国国防研究委员会也为斯金纳的动物项目捐助了2.5万美元，但斯金纳抱怨说："我们的问题是，没人会严肃对待我们。"[12]1944年10月8日，该项目被取消。

近来市场上出现了大量论述习惯科学的畅销书。虽然我所读到的习惯科学书籍说这是一个全新的研究领域，但他们的理论其实跟75年前斯金纳及其他行为主义者倡导的是同一套。很久以前，心理学家就已经放弃了这种纯粹行为主义的心理学，转向了其他理论，因为旧理论不管用。原因在于：这些关于人的理论来自观察笼子里的动物怎么行事，可大多数人并不住在笼子里，也不像动物那样行事。事实上，如果你把动物从笼子里放出来，它们也不会做出笼子中的行为[13]。这就可以解释为什么习惯科学并不适用于人。由于人比关在笼子里的动物拥有更多的自由和选择，所以人的行为远比动物复杂。

哪些奖励是对行为影响最深的诱惑

心理学家现在认为：面对奖励，人仍然会做出回应，但这里的奖励不是随随便便的奖励。奥妙之处在于：奖励至少要让人感觉就像被关在笼子里渴望出去，或找到吃的那么强烈才行。笼子里的老鼠整天等着食物，为了获得食物，它愿意按压 1 000 次杠杆；和这一样，人若要愿意像笼子里的老鼠一样做某件事，比如跑步、坚持练习演奏新乐器等，需要有一个对他极具诱惑力的奖励，这就是致命吸引的力量。

奖励必须拥有极度诱惑力！我们想把具有极度诱惑力的奖励跟“颁发奖励就足以让某人坚持做事”的寻常建议区分开来。普普通通的奖励和真正的诱人之物的区别在于：前者能让人做某件事一次，后者却让人克制不住地坚持做。

以下的话来自我们在线疼痛论坛的一位参与者：“第一次，哇！读大家的故事真是太有吸引力了，我为此取消了原先的计划，整晚都被粘在屏幕前动弹不得。”这充分证明了具有极度诱惑力的奖励所起到的效果。

行动实验室 STICK WITH IT

游戏 10 天胜于研究 15 年

截至 2011 年，携带艾滋病病毒的感染者就有 3 000 多万人，仅在我写书的前一年，就有近 300 万人受到感染。许多顶尖科学家认为，确认艾滋病致病病毒——梅森菲舍猴病毒（the Mason-Pfizer monkey virus，M-PMV）的晶体结构，能让我们朝着攻克艾滋病迈进一步。但研究持续了整整 15 年，顶尖的科学家们似乎仍未更加靠近答案。于是华盛顿大学的游戏科学中心提出了一个设想，他们建议科学家们“众包”这个问题，也就是请大家来帮忙一起解决问题。游戏研究人员知道，把一项活动变成一道谜题，是吸引大规模人群解决难题的一种途径。不过，对游戏玩家们来说，艾滋病病毒不是什么吸引人的主题。再

> 说，只有少数人有足够的生物化学知识，并且知道这种病毒到底是什么东西。
>
> 对此，游戏科学中心和华盛顿大学的生化系一起开发了一款在线解谜游戏《折叠》(*Foldit*)。打开游戏界面，该游戏会先出现教学环节，教玩家怎样建立、移动、完成生物化学谜题，并为自己的表现打分。《折叠》里创建的谜题，则以识别艾滋病病毒的结构为目标。
>
> 游戏开放了 3 个星期，但其实根本不到 3 个星期，就有 24 万多名玩家注册并体验了《折叠》。他们解开了谜题，而且和已经琢磨了 15 年的科学家不同的是，玩家们只用了 10 天。

那么，你该怎样让一件事变得足够有吸引力，使人不只想做一次，还想反复做下去呢？

要做到这一点，就要先找到足以诱惑当事人的奖励。我们可以回到之前讲的要事为先上，想一想什么东西对你想要接触的那个人或那群人真正重要。是金钱吗？是社会环境和同伴的认可吗？是自我提升吗？还是自尊、健康？其实任何真正重要的东西，都可以当作诱人的奖励。

正如前文所探讨的，研究发现，以下几件事对人来说很重要，可以作为奖励：

- 经济奖励，但要有程度的限制，因为过上一阵子，它们的重要性就减弱了。

- 社会奖励，包括对社群的归属感、得到他人的支持、成功地对抗了别人。
- 某些心理状态，如情绪控制力、平静和安宁感。
- 良好的健康状况。
- 自由和独立。

这份清单还可以无穷无尽地罗列下去，但我想你已经理解了其中的理念。哪些事情最为重要，希望怎样得到奖励，不同的人会有不同的想法。**普通奖励和极具诱惑力的奖励之间的区别在于，它对当事人来说是否真正重要。**比较棘手的是，要对自己或他人足够了解，才能知道什么是真正重要的事情。

提升吸引力的 5 个妙招

既然吸引力这个概念如此简单，为什么人们不能正确地运用它，好让自己或他人做事坚持到底呢？这是因为，我们有一些根深蒂固的信念是站不住脚的。这里有 5 种出乎你意料的方法，可以让事情变得有吸引力。

让做正确的事变得有趣

大多数人不相信我们“不得不”做的事情也可以是很愉悦的。比如，大多数人认为吃得健康不可能有趣。如果我们想吃得健康，就必须放弃美味但不健康的食物。我们要么克制食欲，要么吃寡淡的食物。然而，有些人用健康的食物做出了极具创意的事情，把吃饭变成了享受，甚至使之变得好玩起来。

又或者，用我们爱说的“工作日”为例。这个词体现了我们“不能在工作日寻乐子”的态度，因为美好的时光和愉悦的活动都属于周末。然而，一项针对德国人及美国人的工作习惯研究发现，一切无非是视角问题。

德国人每星期工作时间较短，约 35 个小时，但工作效率比美国人每星期平均工作 47 个小时更高。这是因为，对德国人来说，工作就是工作，撰写或回复私人邮件、上网、在社交平台上跟他人互动，在文化上是不可接受的。换句话说，他们不会把时间浪费在围着饮水机蜚短流长上。然而，一到下午 5 点铃声响起，德国人就切入了“不工作”模式！他们去参加俱乐部、乐队，跟家人共进晚餐，和朋友聚会，真正把工作抛到身后。

反过来说，美国人在工作上浪费了很多时间。于是，他们的工作渗入了工作日的晚上和周末。可以说，德国人比美国人更好地实现了工作及生活间的平衡，而在工作日找乐子，是其中最重要的部分[14]。

多用“胡萝卜”，少用“大棒”

研究表明，虽然恐惧可以逼迫人暂时去做某事，但它的效果不可能持续。如果你让人们出于恐惧心理，比如害怕丢掉工作、害怕心脏病发作、害怕遭到恐怖分子攻击才去做事情，而他们本人或认识的人又没有碰到过这些令人害怕的情况，那么，大多数人就不会再次去做这件事。如果要让恐惧长期发挥效果，员工及其同僚就必须开始一个接一个地失业，公民需要不断地听到恐怖袭击的消息。这显然是不可能的。因此，**用诱人的奖励调动人们坚持做事，比用恐惧和惩罚更有效**。

STICK WITH IT 行动实验室

恐惧诱发消极行为

研究表明，恐惧似乎可以动员人们在短期内改变行为，但长期而言，它只会触发人们回避和否认问题，把人们吓得切入被动反应模式[15]。比方说，很多研究考察了基于恐惧而开展的反艾滋病活动，观察该类活动能否有效地减少感染艾滋病的风险。长久以来，公共卫生机构的官员和活动家们都因基于对弱势群体的道德考量，避免推进此类运动。可当这种手段最终使用之后，结果却很有启发意义。人们的风险意识有所提高，但目标人群对艾滋病病毒及安全套使用的知识储备量有所下降。这是怎么回事呢？因为运动引起的恐惧让参与者们回避了相关主题，甚至否认存在任何问题。然而，在中间阶段和事后跟进中采访参与者时发现，进行艾滋病病毒检测、开展咨询活动能消除恐惧，让他们了解更多的知识、提升安全套使用率。由此得出的结论是，引发恐惧不是长期改变人们行为的有效策略，辅导等积极方式才是[16]。

监狱改革家们也发现“胡萝卜”比“大棒”更有效。以斯泰西·托里斯（Stacey Torres）为例。斯泰西是科罗拉多州管理最严格的一家监狱的犯人，服刑期间，因打架和成瘾性药物交易违反规定60多次。他有两条路可选：一是转到安保工作高度戒备的科罗拉多州州立监狱服更长时间的刑期，二是参加一项新的良好行为激励计划。监狱一方称这个计划为“星星”（STAR）计划，这是 Security Threat Administrative Review 的首字母缩写，意为“安全威胁监管评议”[17]。

斯泰西选择了“星星”计划。他需要上认知行为课，且课堂会给他布置作业、为他的良好行为提供奖励。奖励内容包括提供软垫椅子、提前就餐、看大屏幕的平板电视，还有《阿凡达》《第一滴血》等电影DVD的待遇。加入该计划之后，斯泰西再也没有违反过一次监狱规定，再没跟其他犯人打过架，也再没挑衅过狱警。

提供积极奖励的效果比施加惩罚要好，还有一些证据来自科罗拉多州司法系统中一些最顽固的凶手和罪犯。

科罗拉多州的利蒙监狱经常出现犯人之间施暴的行为。在本书完成前的5年里，监狱里发生了两起致命的囚犯捅刀事件，还有一名狱警遭殴打致死。在狱方进行“奖励单位”（Incentive Unit）计划后，14个月里共有260名囚犯参与了该计划，占总囚犯人数的近30%，在同期监狱内发生的1 200桩暴力事件中，“奖励单位”计划内的囚犯仅在涉事者中占2%。

此前，像斯泰西这样的犯人经常会陷入恶性循环，因为他们的每一次违规事件都会受到惩罚。他们的服刑条件也会受到越来越大的限制，甚至最终会被关进安全戒备最为森严的监狱。但“星星”计划让犯人们上课，学习更好地控制情绪，给了他们逐渐融入普通人群、避免一步步滑坡的机会。

与此同时，利蒙监狱的新奖励项目允许普通囚犯通过良好行为换取更好的生活条件。此后监狱的官员们决定研究怎样把“星星”计划扩大到该州的其他惩教系统中。

别把金钱视为最佳奖励

还有一种错误的观点认为，金钱是奖励人们的最佳方式。理性的人会为了想要更多的钱，把事情坚持做下去，只要给他们钱就行。这有一定的道理。没错，**金钱是一种奖励，但并非适用于所有人，而且仅限于一定的程度范围之内才适用。此外，金钱带来的奖励感可能会消失。**

STICK WITH IT 行动实验室

收入的幸福临界点

诺贝尔奖得主丹尼尔·卡尼曼在普林斯顿大学进行的一项研究发现，只要人的年收入到了7.5万美元，收入带来的情感收益就会消失。他分析了盖洛普健康幸福指数的45万多份报告，发现人们的幸福感随着收入的增加而提高，但到了7.5万美元后，这一增长趋势就不太明显了[18]。虽然较低的收入与离婚、糟糕的健康状况和孤独存在相关性[19]，但7.5万美元的深层含义是什么呢？这并不

> 是什么神奇的数字，但它似乎是满足一个人基本需求的收入水平。研究人员发现，低收入本身并不会造成悲伤，但会让人更加担心本来就面临的问题。换句话说，“金钱买不到幸福”的老话说得不假。

针对孩子也有一项类似的研究。大多数小学生不在乎钱，但他们很喜欢徽章、彩带等奖励。给孩子奖励能让他们坚持行动吗？答案是，它有条件。

有一项研究找来了一些喜欢绘画上色的孩子，并给他们设定了 3 种情况[20]。第一种情况是，如果孩子们坚持绘画上色，就会获得“优秀玩家”的奖励；而另外两种情况分别是，不给孩子们奖励，或事先不告诉孩子们会获得奖励，但等活动结束后给他们发奖。

研究人员发现，明确知道绘画上色能获得奖励的孩子，上色的时间反倒比那些没有奖励、不知道上色会获得奖励的孩子要少。

为什么奖励孩子上色，反而让他们减少了用于绘画上色的时间呢？答案是，奖励改变了孩子们看待上色的方式。

从某种意义上说，这是一种反向发挥作用的行为在前武器。孩子们本来就喜欢绘画上色，为他们喜欢的活动加上奖励，并不会让他们更喜欢上色，反而那些需要奖励才做的活动会显得没那么有意思。

> **人不需要额外的奖励去做本来就感兴趣的事情。如果你开始为这些事情附加奖励，人们说不定会认为这些事情不像自己想象的那么有趣，因为竟然需要奖励才有人去做它。**
>
> STICK WITH IT

同样的原理也可见于其他许多领域，例如员工管理。如果你为人们本来就喜欢做的事支付巨大的奖励，他们往往就会失去继续做下去的动力[21，22]。如果你想要给本来就喜欢自己工作内容的员工加薪，一定要想清楚。加薪说不定会重置他的大脑，让他不再认为工作很愉快，并开始觉得这是一桩乏味的任务，需要大量的经济补偿才能维持人的积极性。

光是教育不顶用

还有一种信念是：只有教育才能真正地改变人们的思想和行为。这又回到了“人都是理性的”观点上。只要人们知道了健康饮食或进行结肠镜检查的益处，或者你希望他们做的其他事情的好处，他们就会采取相应的行动作为回应。

但事实一次次地证明，光有信息是远远不够的。人们知道吸烟、喝酒对健康有害，可还是会抽烟、还是会喝太多的酒、还是会做其他明知道对自己不好的事情。

密歇根大学公共卫生学院教授维克托·斯特里切（Victor Strecher）

在《纽约客》上刊登的一篇文章里说："光是提供信息不会让人们改变行为，这一点我们知道 50 多年了。"[23]

以所谓的"对毒品宣战"运动为例。美国国家药物滥用研究所（NIDA）请求对美国青少年禁毒媒体运动的效果进行评估，该运动就药物成瘾的危险性花费了 10 多亿美元对青少年进行教育。结果显示，教育不仅不能阻止年轻人药物成瘾，反倒提高了年轻人的药物成瘾可能性[24]。

再举一个例子：糖尿病患者出现急性冠状动脉综合征的概率是非糖尿病患者的2倍，出现急性冠状动脉综合征后的死亡率也是后者的2倍。你大概会认为，这样的数字一定会把大家吓得立刻改变生活方式吧。

一群研究人员本以为这个问题可以通过教育来解决，就考察了患者的糖尿病知识水平与其控制病情、改善健康结果之间的关系。结果发现，两者完全没有相关性[25]。

不要光想着教育人，而是要调动人的心理和情绪，让他们坚持做事。

STICK WITH IT

让活动本身变成奖励

还有一种错误的观点认为，如果人们得到了奖励，就会持续行动。他们努力地提出理论和模型，论述积累得分、奖牌和金钱等好东西能让当事人或其他人保持动力，持续行动。然而，和制造恐惧的消极方法一样，仅发放奖励只能让人暂时顺从某种行为方式。**活动本身必须具有奖励意义才行**，这是一点微妙却又重要的区别。多次研究表明，如果活动本身没有奖励意义，一旦奖励停止，人们的行为就会恢复到原先的样子。奖励只是以外在的形式促使我们以某种方式行事，而非内在的形式。

数十项研究都支持了这个观点，涉及职场生产力和奖励时尤其如此[26]。有一项最为全面的研究，考察的内容是激励计划会怎样影响员工的生产力。它对 98 篇研究论文做了元分析后发现，从统计学上来说，员工得到奖励和没有得到奖励，整体的生产力并不受影响[27]。然而，调查发现，训练和为目标设定计划，对员工生产力的影响远远大于所谓的绩效薪酬计划[28]。

硅谷有一阵出现了一股“游戏化一切”的狂热强迫症，他们把奖励、成就等级、排行榜，以及来自电子游戏的其他各种奖励体系用来激励员工工作。但是，像游戏化这样的奖励，只有在体系设计正确的时候才能发挥作用。员工排行榜不是治疗员工投入度低的灵丹妙药，企业管理者务必要谨慎选择游戏化的时机和理由。

那为什么企业会采用游戏化管理呢？这是因为员工的工作投入度普遍较低。2015 年，盖洛普公司测量了员工投入度，得出了 31.7% 这一数字[29]。这意味着，近 70% 的美国员工对工作欠缺投入度，难怪雇主们迫切想要解决问题。高德纳咨询公司的研究副总裁布莱恩·伯克（Brian Burke）表示：

> 他们把焦点放到了显而易见的游戏机制上，比如积分、徽章和排行榜，而不是比较微妙也更加重要的游戏设计元素，如平衡竞争与合作，或是设定一套有意义的游戏经济体系。因此很多时候，组织只是简单地计算分数，给活动贴上毫无意义的徽章，设计一些根本不能调动目标受众的游戏化应用程序[30]。

近年来游戏化管理的热潮有所退却。早在2011年，高德纳咨询公司就预测，到2015年初，全球2 000强的企业里会有70%以上部署至少一款游戏化管理程序[31]，还提醒说，由于糟糕的设计，这些程序在上线一年后的失败率将达到80%[32]。

过于简单地引入某种游戏化激励机制，大多会以失败告终。失败的常见原因有以下几点：

- 强调外在动机，却未能包括内在动机。
- 没有考虑玩家的动机。
- 在原本应以合作、创造或学习为重的环境下引入了竞争。
- 主要侧重于管理目标而不是员工的动机。

总部位于荷兰的钢铁公司乌珀曼（Wuppermann）就碰到了游戏化管理失败的情况。他们设计了一套可以显示在员工电脑屏幕上的软件，并突出显示安全问题和停工现象，同时该软件还能对单个员工进行评估。管理层希望借此改善生产力，但是员工的分数主要是建立在失误和事故等消极事件的基础上的，导致事与愿违[33]。乌珀曼的员工发现，软件不断地提醒自己做错了什么事，这很打击信心。这种消极的游戏化管理还促使团队之间恶性竞争，导致了各种不专业的行为，比如工人会把问题留给下一班上岗的同事，好让自己的分数不受影响。这显然对保障安全或改善生产力毫无帮助！

研究人员发现，游戏化管理不能只强调竞争，还需要实时提供个人及团队反馈，把高德纳咨询公司所称的"关键元素"，即社会资本、自尊和趣味性，整合成一条无缝体验线。毕竟在很多时候，如果同一批人每一次都会获胜，而赢不了的人每次都会受到打击，这会磨灭被打击员工的积极性。

迪士尼也曾创建了一套跟踪员工生产力的排行榜，想把集团内加利福尼亚州阿纳海姆酒店洗衣工的工作游戏化。但在提高生产力的同时，似乎也带来了意想不到的消极后果。集团在迪士尼乐园和天堂码头酒店的地下洗衣房的墙上安装了大屏幕显示器。员工们就在显示器的下方工作，对衣物进行分装和折叠。员工们的名字会被展示在显示器的排行榜上，每名员工的速度都要跟其他人进行比较。所有人都能看到谁最快让枕套、床单和毛巾通过洗衣系统[34]。随后，迪士尼乐园酒店的一位资深洗衣工开始把新系统叫成"电子鞭"，这个名字不胫而走。

在酒店行业，跟踪员工的生产力是标准做法。但在安装硕大的屏幕来显示排行榜之前，员工的生产力情况一般只是手工统计，并仅限于管理层知道。新的排行榜把每名员工的生产力数据都大肆传播，比如，屏幕上会显示员工艾尔瓦兹只达到了预期产量的 37%。当产量达到了管理层所设效率数值时，员工的名字会显示为绿色，而工作表现不佳的员工的名字会显示为红色。

公开显示生产力数据的确带来了一定的竞争，提高了员工投入度，因为有一些员工会努力争夺排行榜最靠前的位置，但这同时也导致了员工压力和矛盾的加剧。按照当地工会所说，为了让生产数据好看，员工们舍弃了休息和午餐时间。但他们开始觉得，自己因为时薪仅为 8 ～ 14 美元的工作，卷入了一场你死我活的竞赛。与此同时，公司公开报告的利润却达到了大约 40 亿美元。虽然显示排行榜的确有可能提高生产力，但很遗憾，它是以牺牲员工的福祉为代价的。这并不是一个成功的故事。

在生活中运用致命吸引的两种方式

只要你知道当事人看重的是什么，就可以做两件事来增强吸引力：“快修”（quick fix）和“妙修”（trick fix）。

快修

快修指的是对人做某事的需求进行直接强化。比方说，游戏机里叮叮当当掉出一大堆硬币的声音，就是运用快修的实例。这些声音立刻告诉玩家：他们也能赢，而且他们应该继续走过来，放下一些游戏币，让机器转起来。快修的一个要点是：在开始某事之前，人们想要迅速得到它。如果要过上一阵子才能得到奖励，人们就不会把奖励与行为挂上钩。

举个例子，假设你正在训练一只狗学习坐下。你让它坐下，等了一个小时后，再给它一份狗粮，并说“乖狗狗”，那么下次你让它坐下时会发生什么呢？它就不会再坐下了。因为它坐了一个小时之后才得到狗粮，中间间隔的时间太久了，它没法意识到狗粮是对坐下这一行为的奖励。只有把食物带来的愉悦感与坐下的行为联系起来，狗才能学会听到命令就坐下。你需要给狗来一次快修，让它坐下之后马上发狗粮，帮助它了解到下一次发出命令时它该坐下。快修也能帮助人坚持做事，比如按下按钮后听到电子邮件或短消息发送出去的声音，在读了图书撩人的第一段之后克制不住地想把书读下去的感觉，咬了一口巧克力棒后大脑出现的那股“甜蜜高峰”，这都是快修。

除了掌握好时间，快修的奖励还需要恰如其分，才能让人坚持把事情做下去。如果员工的工作动力来自与同事合作，而非与同事竞争，那么，“头号员工”排行榜就不是恰如其分的奖励，因为他根本不认为排行榜有吸引力。奖励必须根据当事人的需求量身定做，比如员工认为精神上的认可更重要，那就让同事们向他表示祝贺：多亏了他帮忙，团队在预算内按时完成了项目。

兴许，你现在想学习一种新乐器。你希望长期坚持练习几年，而不是短短几个月之后就放弃。然而，你知道自己的缺点：一开始很兴奋，但随着新鲜感的流逝慢慢就会放弃。你要怎样才能坚持下去呢？

依照前面阶梯模型和极度容易给出的方法，你需要先选一首非常简单的曲子来练习，将这作为第一步。掌握这首曲子的行为应该成为一种诱人的体验，它会给你带来满足感，让你感觉它给你带来了奖励。接着，在每一次练习时都弹奏这首歌，从而强化这种愉快感。

如果你发现在别人面前表演很有吸引力，那就当着观众的面演奏这首歌来奖励自己。哪怕只有一名观众，也足够了。当然，对于那些不觉得公开表演有吸引力的人，就没有必要这么做。

妙修

妙修涉及间断强化，它背后的科学原理可以追溯至斯金纳的研究。斯金纳发现，相比每次都对老鼠按压杠杆的行为给予奖励，间歇地给予奖励能让老鼠更频繁地按压杠杆。实际上，在没有期待的时候获得奖励，其实是在逐渐对奖励“脱敏”。所以，**只要你感觉自己已经走在了坚持行动的大道上，不妨逐渐减少奖励**。

研究表明，在游戏中间断地赢比每次都赢更能让人沉迷。如果每次玩都得到奖励，人们很快会感到无聊，不再玩下去，但若是间断地赢，他们就会不停地玩[35]。

怎样把这一招运用到自己的生活里呢？我们仍以学习乐器为例。你可以使用妙修来逐渐停止演奏容易的“奖励”歌曲。你仍然可以偶尔弹奏它，但不是每次练习时都弹。你要学习演奏其他更难的歌曲。接着，每隔一段时间，你又回过头去演奏那首能带来奖励的、比较容易的歌。

你还可以设定一个带有新奖励的新目标，重新开始整个流程。

外语学习也是一个很好的例子。在美国，90% 的高中会为学生提供外语课程让他们修读[36]。这些课程费时又费钱，每名高中生大约有 1/12 的时间花在了外语课上[37]。猜猜看，有多少学生最终精通了自己所学的外语呢？不到 1%[38]。很明显，人们很难坚持学习新的语言。

世界银行前行长保罗·沃尔福威茨（Paul Wolfowitz）能说 6 种语言：阿拉伯语、德语、法语、希伯来语、印度尼西亚语和英语。他用印度尼西亚语作为例子，给我讲了他学习语言的经历。他是在担任美国驻印度尼西亚大使时学习这门语言的。和之前的美国大使不一样，也跟欧洲驻印度尼西亚的其他大使不一样，沃尔福威茨不想依靠翻译进行交流。那他是怎么学习印度尼西亚语的呢？

沃尔福威茨说，学习过程是需要立刻获得奖励的，这样他才能继续学习。他从阅读自己最喜欢的印度尼西亚小说《雅加达的黄昏》（*Twilight in Jakarta*）着手，在这之前，他曾多次读过英文版的小说。这次读印度尼西亚版，他选择每次只读几页，能理解要点、记住一些基本词汇就行。他说，跟时不时地停下来、用字典查询每一个词语的烦琐做法（这也是大多数人学习新语言的习惯做法）比起来，他所采用的步骤很重要，能确保他立刻享受到学习语言的乐趣。有一天，他到当地市场购买食品，试着在结账时运用自己学到的一些词汇。收银员大感惊讶，因为其他游客和外交官都不肯费心学印度尼西亚语，他却愿意学。这立刻给了沃尔福威茨奖励感。

然而，过了一阵子，快修带来的愉悦感逐渐平息了，他需要更大的挑战，即妙修来维持学习动力了。

当时沃尔福威茨将在 6 个月后就印度尼西亚的文化和宗教紧张局势发表一场演讲。他知道这个话题可能会冒犯当局政府，但如果表述得当，就能赢得印度尼西亚人民的支持和信任。为了让这场演讲产生他想要实现的影响力，他知道自己必须完全使用印度尼西亚语说出来，理解自己所讲的每一个词。

经过几个月的学习，沃尔福威茨发表了演讲，获得了听众的起立鼓掌。讲演结束后，一名对印度尼西亚的政治体系局面感到不满的年轻人在大街上看到了沃尔福威茨，并对他说，这场演讲激励了自己站出来。沃尔福威茨开始赢得印度尼西亚人民的尊重，这是一个诱人的奖励，激励他继续学习语言。随着社交磁力、极度容易、要事为先等其他武器的力量融入了他的学习过程，沃尔福威茨坚持学习印度尼西亚语的过程变得轻松起来。他的司机是印度尼西亚当地人，受演讲启发，决定只用印度尼西亚语跟沃尔福威茨沟通。开车外出的时候，沃尔福威茨会请司机用单词卡对自己抽查，这样在车里等待政治会议召开的时候，他就可以回应司机并继续学习了。

沃尔福威茨继续使用妙修来激励自己学习语言。有人偶尔用印度尼西亚语告诉他，他能真正理解当地人民和相应的文化问题。这种间断的赞扬，驱使他继续学习，更流利地运用印度尼西亚语。沃尔福威茨完成大使任期后并没有放弃学习，也没有忘记怎么说印度尼西亚语。尽管如今他已有二三十年不住在印度尼西亚了，但他仍不断练习，印度尼西亚语还是说得很流利[39]。

在商业中运用致命吸引强化品牌忠诚度

2014 年，在俄罗斯索契冬奥会开幕前几个月，如果你走进莫斯科地铁的会展站，一定会看到一个奇怪的景象：人们排队站着，冒着冬天的严寒，一个接一个地脱下帽子、围巾和外套，当着配有传感器的机器做下蹲。当俄罗斯人一个接一个地努力在 20 秒里完成 30 次下蹲时，周围的人会喝彩表示鼓励。如果有人成功，一个负责监督的官员会伴随着人群的欢呼声拿出一张地铁票递给他。

这是怎么回事呢？这便是运用致命吸引这一武器的一个例子。为了鼓励俄罗斯人多运动，也为了在即将到来的比赛中发扬奥运精神，成功完成下蹲挑战的人，将获得俄罗斯政府赠送的免费地铁票（价值 30 卢比，约等于 1 美元）。第一个获得地铁票的是体操运动员伊莲娜·扎莫洛德奇科娃（Elena Zamolodchikova），她是悉尼奥运会两枚金牌的得主[40]。

顺着同一思路，俄罗斯政府还发起了另外一些活动，比如拆掉公共汽车上的把手，换成训练带。俄罗斯政府甚至在街头放置自行车，让俄罗斯市民可以通过骑行来为手机发电。俄罗斯奥委会前主席亚历山大·朱可夫（Alexander Zhukov）当时对俄通社说：“我们希望表明，奥运会不仅是一场让人们在电视上观看的国际比赛盛事，也是一种人人都参与的生活方式。”

如果设计得当，品牌忠诚计划也可利用致命吸引的力量发挥作用。**对人们原本就想做或者需要做的事情给予奖励，再加上事情本身就很有吸引力，能给人们一个为什么应该继续做下去的理由。**

以飞行常客奖励为例，它已经形成一种经济体系，仅在2011年，奖励积分和未兑现的里程就达到160亿英镑[41]。免费机票、升舱、酒店、租车等福利的诱惑吸引着乘客，让他们愿意做任何事情来累积更多的点数。仅在2014年，航空公司就发行了超过4 000万张飞行常客票。有2亿人，几乎占全美家庭的一半，至少参加了一个飞行常客奖励项目。此外，每年还有390亿英里（约合627.6亿千米）到期，永远无人兑换。

行业分析师估计，乘客每年大约有100万次出行仅仅是为了增加自己的里程数字[42]。某在线旅客社群对飞行常客奖励的参与者进行的一项调查发现，24%的人承认自己为了获得更多的里程而有不必要的出行。专家估计，年度商务差旅成本里整整有8%都花在了这种滥用上[43]。

飞行常客奖励不仅能赚积分，还能诱导你想象可以用这些积分干点什么，比如幻想到夏威夷或西班牙马略卡的免费之旅。当然，还有你累积足够的里程时能享受到的待遇。飞行常客计划已经建立起一套独立的国际贵宾制度。其中，精英旅客可在机场享受优先通道、能换过道的座位，甚至升到头等舱的特殊待遇。如果航班机票超卖，他们也不会被推下飞机。

优秀的飞行常客奖励同样可以利用快修和妙修：人们一加入计划，就能获得奖励，接着航空公司会逐渐削减奖励，这样顾客就不知道什么时候该期待下一轮的奖励了，于是，意外升舱的感觉就像是中了奖！

实际上，很难找到一家没有品牌忠诚计划的企业。以咖啡为例，我不是爱喝咖啡的人，但每天早上，我都感觉自己被一群来自电影《惊变 28 天》（*28 Days Later*）里的僵尸包围着。我的同事全都是咖啡达人，什么也不能阻挡他们早晨来上一杯。显然，咖啡成了人们唤醒自己、准备开始新一天的诱人奖励。星巴克就很好地利用了这一奖励，它不光销售咖啡，还设计了一套独立的系统，名为“星礼程”，奖励人们购买本来就想要和需要的东西。

“星礼程”对星巴克的销售增长产生了重大影响。星巴克称，2013 年第二季度的利润较上年同期增长了 26%，总收入增长了 11%，增长额达 36 亿美元。“星礼程”为公司取得这一成绩发挥了关键作用[44]。

百思买（Best Buy）在实体店销售收入停止增长后，也投入了品牌忠诚计划的怀抱。为了跟上亚马逊和 eBay 等主要在线零售商的步伐，百思买将奖励积分从 4% 提高到了 5%，激励客户不断回头[45]。这帮助百思买的股价在 12 个月内增长了 1 倍多[46]。

与传统的金钱奖励比起来，越来越多的年轻人看重在世界上留下积极的影响，对他们而言，积极的影响便是一种极具诱惑力的奖励[47]。

STICK WITH IT

企业还可以让购买体验产生社会奖励感。以汤姆斯（Toms）公司为例。当顾客从汤姆斯处购买鞋子、眼镜、咖啡、服装或手提包时，汤姆斯就会向贫穷人士捐赠一些实实在在的东西。汤姆斯创始人布莱克·麦科斯基（Blake Mycoskie）称之为“一帮一”模式。每次购买汤姆斯的产品，顾客都能帮助到有需要的人。

麦科斯基是在20多岁环游世界时冒出了这个点子。他在布宜诺斯艾利斯帮助一名妇女为贫困农村地区的孩子们提供鞋子。麦科斯基称这是一次足以改变人生的经历。他想要帮忙，但并没有采取传统的非营利路线，而是决定根据“一帮一”这个概念，创办一家营利企业。2006年，他在公寓里创办了“为了明天”（Shoes for Tomorrow）鞋业公司，后来公司名称缩短为“Toms”，这样就能将标签贴在鞋子上[48]。

到企业创办的第5年年底，汤姆斯的收入年增长率达到300%，并且卖掉了第1 000万双鞋子[49]。究其原因，传统商人嗤之以鼻、认为在财务上行不通的“一帮一”模式发挥了重要作用。麦科斯基决定将公司业务扩展到眼镜上，每卖出一副太阳镜，就为需要恢复视力的患者赠送眼镜或医疗护理服务。于是在两年里，它卖出了15万副眼镜，同时为15万人提供了眼科护理服务。这与“一帮一”模式相符合。

汤姆斯因此大获成功，它让顾客从该公司购买产品的体验变得诱人无比，它几乎没怎么在传统广告上花过钱，社交媒体上的500多万粉丝就会通过口碑来传播公司的相关消息。

什么东西有奖励感，不同的人看法也有所不同。有些人或许认为金钱是极具诱惑力的奖励，另一些人或许觉得是社群，还有人认为是个人健康。奖励还会随着时间而发生变化。人们年轻时兴许觉得金钱是一种极具诱惑力的奖励，但随着年龄的增长，与家人共度时光恐怕就越变越重要了[50]。

> **如果你能够理解随随便便的奖励跟极具诱惑力的奖励有什么区别，那么，你就掌握了持续行动的力量。**
>
> STICK WITH IT

知道人们认为什么东西有吸引力，其作用远远不只是可以激发人们坚持做事，比如遵守健康食品方案。它还让我们了解人重视什么、认为什么有意义，进而从更深的心理层面上真正理解自己和他人。**在了解吸引力这一特点的过程中，我们不仅能够改变行为，还能建立起更深刻的人性纽带。**

行动练习清单
STICK WITH IT

找到适合自己的诱人奖励

1. 不管你是想让产品吸引更多顾客，还是想变得更健康、挣更多的钱，请继续朝你在第 1 章章中选好的目标努力。
2. 还记得在第 2 章中我们说过，安排达成目标的小步骤，往往无法让人兴奋起来。如果你想要学习做一名爵士贝斯手，找到乐谱并在日历上标出专门的练习时间段，并从明天就开始练习，这些平淡的步骤说不定没法让你感到兴奋。

阶梯模型解释了为什么不仅要聚焦于远大梦想，比如在舞台上像雷·布朗（Ray Brown）那样演奏爵士乐，也要关注达成梦想的目标和小步骤。但怎样才能为完成小步骤而兴奋起来呢？不妨先为完成小步骤设置一种让人感觉愉快的奖励。要保证它不是随随便便的奖励，而是对你极具诱惑力的奖励。比如，得到来自朋友、爱人、家人或同事的赞许，会让你感觉很棒吗？如果是，等你完成相应的步骤，就让对方参与进来，帮助你感觉良好。金钱能激励你吗？如果能，跟朋友打个赌，如果你完成了步骤，就赢得一笔钱，如果没完成，就付给朋友一笔钱。确定你认为重要的东西，用它作为诱人奖励来激发自己。

3. 运用快修和妙修。确保自己完成步骤后立刻获得自己选择的奖励。随着你完成更多的步骤，你会继续获得奖励，但同时也要逐渐减少奖励的量，降低获得奖励的频率。若有可能，改为间歇性地获得奖励，甚至在自己期待最低的时候才给自己奖励。

STICK WITH IT

第 8 章

武器 7：反复铭刻

把行为变成习惯，将习惯设为默认

大脑就像喜欢自动驾驶模式的汽车，会存储经常发生的事情，不断寻找让任务变得更容易的做法，把重复的行为变成不需要太多思考的习惯。

如果人们反复做一些对自己有益的事情，这些事情就会铭刻到大脑中，变得更容易坚持。

经过长达 7 天的戒毒治疗，迈克尔·理查兹（Michael Richards）熬过了戒除毒品的初级阶段。按临床标准，他的情况稳定了。按照大众的标准来说，他已经“干净”了。迈克尔知道自己必须戒毒，并一直在寻找戒毒的办法。在戒毒所，他听说了一项研究实验，目的是研究毒品对大脑的影响，同时帮助瘾君子戒毒。这项研究要求参与者 1 个星期内不碰毒品。恰好迈克尔这时正待在中途康复站，研究小组接受了他。参与这项研究，迈克尔也能拿到一些钱。

作为研究的一部分，迈克尔答应会接受功能性磁共振成像检查。功能性磁共振成像仪其实就是一块巨大的磁铁，它能帮助研究人员观察血液流经大脑的部位，测量大脑的活动。

研究的实际操作过程很简单。迈克尔躺在功能性磁共振成像仪里，研究人员向他展示打着黑叉的灰色屏幕图片。迈克尔只需要做一件事：睁大眼睛看。当他看这些照片时，研究人员会监测他的大脑活动[1]。

大约过了 10 分钟，图片开始在他眼前闪烁。迈克尔起初感到很奇怪，一会儿便想起了这种感觉，9 年来，它曾占据了他的生活。他对成瘾性药物的渴望又回来了。只是看着有黑叉的图片 20 分钟，迈克尔就感觉自己坚持不住了。他必须离开这儿，因为为了弄到点儿白色粉末，他什么都做得出来。但为什么他突然又冒出这种感觉了呢？

迈克尔并未意识到的是，在黑叉图片和其他图片间，研究人员插入了成瘾性药物和针管的闪烁图像。这些图像的显示时间仅为 33 毫秒，是人类肉眼根本分辨不出来的短短一瞬间。然而，由于这些图像已经铭刻在迈克尔的大脑中，因此图像再次唤起了他的渴望。功能性磁共振成像仪对迈克尔脑部的扫描证明了这一点。当迈克尔在不知不觉中看到成瘾性药物的图像时，他的大脑与上瘾相关的部位便活跃起来：大脑的杏仁核能够展现他喜欢或不喜欢某事的偏好，腹侧纹状体和腹侧苍白球是识别奖励的大脑区域，脑岛与上瘾和情绪状态有关，另外，颞极素来与成瘾性药物相关，迈克尔的这些脑区在图像的作用下变得格外活跃。

两天后，研究人员又一次向迈克尔展示了成瘾性药物的图片，但这一回，他能够看到它们了。接着，他接受心理评估，看看这些图片带给了他什么感觉。利用两天前进行的功能性磁共振成像扫描结果，研究人员能够预测他看到这些成瘾性药物图片的感觉。

迈克尔的故事说明了某事（本例中是成瘾性药物）铭刻入大脑会带来什么样的结果：它会变得更容易坚持，稍微一经触发，就故态复萌。**如果你反复做一些对自己有益的事情，比如吃得更健康、采取更安全的工作方式、更具当下意识，这些活动就会铭刻到大脑中，让你更容易坚持做下去。**

反过来说，就像迈克尔的例子一样，某事铭刻到大脑中也会让人很难放弃本来就不想做的事情。吸食成瘾性药物的冲动铭刻进了迈克尔的大脑，只是成瘾性药物的图片就能让大脑立刻回到原来熟悉的状态。尽管成瘾性药物的图片起初是在他没有察觉的状态下显示的，但大脑会告诉迈克尔。

从表面上看，迈克尔的故事似乎令人泄气。难道因为大脑编好了程序，人就无法克服过去的坏习惯了吗？这是否意味着人根本无法改变——只要行为在大脑里生了根，我们就注定一辈子都会重蹈覆辙？

不是这样的。就迈克尔而言，好消息是：研究人员后来发现，服用巴氯芬，一种通常用于治疗脊髓损伤、大脑麻痹等痉挛性疾病的药物，可以阻断大脑无意识对成瘾性药物诱因的反应，减少相应的渴望感[2]。

然而真正的问题在于，如果习惯是根深蒂固的，人类的大脑也还能够改变吗？加布丽埃勒·吉福兹（Gabrielle Giffords）的故事给出了答案。

什么是大脑的可塑性

2011 年 1 月 8 日，亚利桑那州第八国会选区的代表加布丽埃勒在位于图森市郊区的西夫韦（Safeway）连锁店外，举办了第一次“街角国会”活动[3]。她邀请选民跟自己见面，解答对方有关自己政治改革理念的疑问。她特别兴奋地讨论起自己对美墨边境安保情况的想法，这个问题对她所在地区的市民极为重要。

演讲进行到一半时，枪声突然打断了加布丽埃勒。一个反政府倾向的年轻人从人群里冲了出来。他用枪朝着四面八方不断射出子弹。他一路开着枪，直奔加布丽埃勒。他分明怀着杀意，直接把枪指向了加布丽埃勒，冲着她的脑袋打了一枪，子弹一击而中。一路上，他枪杀了 6 人，有 12 人受伤。加布丽埃勒是第 13 位受害者。她的大脑中弹，被送往急诊室，伤势严重，但尚存一息。

当天晚些时候，医生们为加布丽埃勒做了紧急手术，取出了部分头盖骨和脑组织，以求减轻肿胀。她接受了麻醉，处于昏迷状态，以便休息。等她再次醒来，医生们做了彻底的检查。因为她身上安着呼吸机，没法说话，所以她只能勉强地动动胳膊。她的神经科主治医生陆军军医杰弗里·林（Geoffrey Ling）说，虽然看起来不太可能完全康复，但“她的预后很好，大脑维持功能的概率超过 50%”。换句话说，她的情况大概不会恶化，但兴许也无法好转。

除此之外，加布丽埃勒还有很大可能再也没法连贯地说话，完成国会议员任期的希望也极其渺茫。

但科学跟她站在了同一方：加布丽埃勒的故事来了个奇迹般的大转弯。加布丽埃勒的大脑受到了严重损伤，事后为了挽救生命所做的手术也对她的大脑有所破坏。尽管这些伤害抹去了她走路、说话和竞选等根深蒂固的日常行为习惯，但加布丽埃勒不愿接受“再也无法重新掌握这些技能”的预后。

在位于休斯敦的 TIRR 赫尔曼纪念医院的悉心照料下，加布丽埃勒逐渐尝试让身体处在有助于恢复原状的环境下。加布丽埃勒的康复计划从学习数数、记住自己的名字和 1 个星期有哪几天等基本知识开始。由于布丽埃勒一直很喜欢音乐，所以音乐疗法在她的康复中发挥了重要作用。治疗师会播放歌曲《生日快乐》，并在每一小节的最后一个词上暂停，鼓励加布丽埃勒说“祝你生日快乐”[4]。

加布丽埃勒出院后，继续通过门诊康复计划接受高强度的物理治疗、职业治疗和言语治疗。在这个过程中有一个值得纪念的关键点，她冲着丈夫说出了第一句话：“马克，我爱你。”

随着时间的推移，通过这种不断重复的身体、心理和语言康复练习，加布丽埃勒的大脑学会了适应。她学会了新的习惯：不是一动不动地躺着，而是动起来。与此同时，在她的大脑里面，新的神经连接正在形成，以便铭刻她在言语、运动和思考方面取得的新进展，从而促进她进一步恢复。

加布丽埃勒很快就能听从指示坐起来了，她还学会了怎样自主呼吸，医生开始说她“有着很好的恢复潜力”。又过了一阵子，加布丽埃勒学会了说短句、用左手写字。加布丽埃勒的丈夫，也就是美国国家航空航天局奋进号航天飞机的空间指挥官马克·凯利（Mark Kelly），开始希望加布丽埃勒能恢复到可以前往佛罗里达州，出席他最后一次宇航任务的发射现场的状态。

到 2011 年 4 月，距离枪击事件发生仅过去 3 个月，加布丽埃勒已经恢复到能够临时出院、出席丈夫的航天飞机发射活动现场的状态了。2011 年 8 月 1 日，她出席了众议院会议，投票支持提高债务上限，国会为她起立鼓掌。

2012 年 1 月 22 日，加布丽埃勒宣布辞去国会职务，专注于个人康复。她不断地改善、训练自己的大脑。2014 年，她甚至去跳了伞，以纪念枪击事件三周年，并成了枪支管制的热心倡导人士。

加布丽埃勒的故事很好地说明了，怎样用其他事情取代看似牢不可破的习惯，以此来坚持行动，让自己发生改变。

不管习惯的形成是出于一到晚上就吃甜食这样的惯例，还是大脑的生物和化学变化，这种方法都有用，她的案例生动地阐释了大脑是怎样铭刻知识与行为这一重要理论的。心理学家和神经科学家将这一理论称为“大脑可塑性”，指代大脑发生改变以适应新环境的能力 [5]。

值得庆幸的是，大多数人永远不会经历脑部受伤事件。不过，这是个激动人心的故事。我们意识到，如果加布丽埃勒能在极端的逆境下对大脑和行为做出持久的康复改变，那么，我们其他人就大有潜力去赢取人生中那些小得多的战斗。

但问题还是没有解决：你要怎样把某件事铭刻到大脑里，创造持久的改变呢？为了回答这个问题，我要先告诉你，大脑为什么会形成习惯。

大脑喜欢自动驾驶：让行为铭刻成习惯

人类大脑的效率高得惊人，它让人无须思考就能做事，它会奖励人们去遵守习惯[6]。我们在第 5 章中了解到，人们能坚持做容易做的事情，在这一过程中，大脑会按照同样的方式运作，它总会试着把任务变得简单。比如当人反复看到、听到或闻到某些东西时，哪怕他们并未意识到，大脑就将这些信息存储起来了，以便日后快速识别出来[7]。如果人们正在学习新东西，比如反复练习演奏一首歌的最初几个音符，大脑会释放多巴胺等神经递质，奖励你的努力，从而让我们更乐意去做[8]。

大脑就像汽车。但与采用手动模式驾驶需要付出大量的觉知与努力不同，大脑更喜欢自动模式，它会存储经常发生的事情，以便轻松访问，从而实现自动化。这就有点像电脑会把你经常访问的网站的用户名和密码都存储起来，这样，你无须思考就能毫不费力地登录，从而把精力放到其他事情上。

大脑的运作原理就是这样的。它不断寻找让任务变得更容易的做法，把重复的行为变成不需要太多思考的习惯。

一旦习惯建立起来，大脑便达到一种稳定的平衡状态，并能够放松下来。如此一来，习惯就变成了默认行为[9]。

STICK WITH IT

坏消息是，有一些习惯如药物成瘾，有很大的可能是破坏性的，并且极难改变[10, 11]。

好消息是，**按正确的方法去努力，不好的习惯模式仍能改变。**一旦人们改变了习惯，就会出现强大的力量让新的行为持续下去。

以新生儿为例，相较于其他女性的声音，婴儿更喜欢母亲的声音。这是因为，从最开始在子宫里的时候，母亲的声音就铭刻进了胎儿的大脑里。母亲的声音成了一种熟悉、安全和可辨认的声响，婴儿一听到就会高兴[12]。

有研究人员给婴儿嘴里塞了能发出吸吮声的奶嘴，如果婴儿以一种特定的方式吸吮，就会听到母亲声音的录音，如果他们改为另一种吸吮方式，则会听到另一名女性的声音。婴儿很快就学会控制奶嘴的发声，并会选择能重现母亲声音的方式吸吮奶嘴[13]。

我和妻子把刚出生的小女儿从医院带回家后，我运用自己在这方面的知识，在她和宠物狗诺拉之间建立起了纽带。我把一段妻子的录音放在诺拉身上，让这声音听起来就像是狗发出的。我还在婴儿毯里包了一根狗骨头交给诺拉，好让诺拉以为这是小女儿给它的。我们的小女儿梅洛迪很快就跟诺拉依偎到一起了。这样一来，诺拉扮演了充满保护欲的母亲角色，不让陌生的访客，比如邮递员，接近梅洛迪。

婴儿和母亲声音之间的这种反应模式，不只发生在人类大脑里。研究人员发现，动物的大脑同样会通过铭刻的方式来辨别声音，整个过程甚至在动物出生前就开启了。研究人员冲着两枚尚未孵化的鸡蛋分别播放一段音乐。等鸡蛋孵化出小鸡后，研究人员又分别冲着两只小鸡播放同样的音乐。当小鸡听到自己出生前播放的音乐时，发出的痛苦啼叫声会变少，这说明了它们对这段音乐的偏好[14]。

因为大脑想要达到超级高效，所以除了铭刻声音、气息和视觉信息之外，大脑还会铭刻人们反复做的事情。如果你每天都走相同的路线去上班，大脑便会将信息编码，让你能够轻松地再次采用同一条路线。你走这条路上班的次数越多，它铭刻的痕迹就越重，你就越是不必动脑筋思考要怎么从这条路去上班。大脑对生活里所有的事情都遵循着这种模式，哪怕是我们没有留心看、留心做的事情也一样。

把事情铭刻进大脑的奥妙在于，它建立在重复的基础上。**重复一个行为就能教会大脑记住它，让它更容易被坚持下去。**大脑会把行为铭刻下来。

大脑能铭刻多少内容呢？说起来能叫人大吃一惊。大脑甚至可以把表面上看起来毫无用处的信息铭刻下来。它天生就是要这么做，以求未来可以节省时间和精力。

行动实验室 STICK WITH IT

被偏爱的字符

有一项研究利用潜意识的方式，向两组美国人展示汉语字符的图片。字符闪现得很快，参与者根本意识不到自己看到了字符，但大脑捕捉到了它们。第一组人只看到 1 次汉语字符，第二组人则看到了 5 次，因此，在潜意识

> 里，第二组人对字符更为熟悉。
>
> 接着，研究人员给所有参与者看汉字字符的图片，有一些字符是之前闪现过的，另一些则是参与者从未看到过的新字符。研究人员请参与者评价自己对每个字符的喜好度如何。
>
> 跟只看了 1 次字符的参与者相比，看了 5 次字符的参与者更容易指出之前展示的字符，并认为自己更喜欢它们[15]。即便这些参与者并未意识到自己之前就看过相应的字符，但大脑已经把信息铭刻了下来，好让他们之后更容易识别出字符来。而这种熟悉感，还让字符变得更可爱了。

这种效应解释了重复的广告是怎样通过潜意识让人们喜欢并购买产品的。产品被大脑铭刻所产生的熟悉感，让人对产品产生了积极的反应。

从更广泛的意义上来说，大脑铭刻重复行为的这个过程，解释了人为什么会拥有特定的行事方式。它提供了一套适用于理解重大社会、政治和公共健康议题的框架，可以帮你理解诸如歧视、种族主义、政治极端思想和抑郁症等议题。

以种族主义为例。从出生开始，人们的大脑就以铭刻熟悉的东西为目的。婴儿不光更喜欢母亲的声音或母亲的脸，也学会了更喜欢自己所属的种族。虽然新生儿不会根据种族对人产生偏好，但到 3 个月大时，婴儿已经对同一种族或民族的人表现出了明显的偏好[16]。

这种心理效应还能延伸到小孩和老年人身上。如果孩子们反复看到跟自己肤色相似的人，大脑便会将这一信息铭刻下来：有着这种肤色的人比其他肤色的人更安全、更可靠。这个过程让人更喜欢自己熟悉的事物，比如种族、宗教，甚至是着装风格。

听起来，这种逻辑似乎是为种族主义和其他社会问题在做辩护，那么，我们在这里稍微暂停一下，以便澄清这一误解。仅仅因为心理学能解释人为何会产生种族主义的意识，并不意味着人注定要变成种族主义者。了解大脑是怎样形成偏好的，我们才能够指引偏好、改变偏好。实际上，这项研究支持的是如下观点：学校和社会应该让孩子们从小就接触多元文化氛围，这样人们才能对身边跟自己不同的人产生安全感及舒适感[17]。

但要是孩子们没来得及从小接触其他种族的人呢？或者说，人到了年龄较大的时候，该怎样促成大脑的改变呢？

神奇的“认知疫苗”

说到怎样铭刻习惯，再没有比训练普通人成为士兵这个事情更恰当的例子了。为教导新兵怎样在生死攸关的情况下冷静、机械地遵守命令，军队必须对新兵大脑进行严格的训练。军队的训练成果揭示，就算是最基本的人类反应，比如保护自己优先于保护他人的欲望也可以进行重塑，从而造就出愿意为几个月前才遇到的人牺牲自己生命的战士。等新兵从接受军事训练前的习惯变成采用这一套新的反应模式后，他们就变成了真正的战士。

这个过程的奥妙就在于重复。军队要求新兵每天在相同的时间和地点做出特定的行为，让一个部队的人都在大脑里牢牢地铭刻习惯，从而培养一批习惯根深蒂固的士兵，等到了关键时刻就自然而然地照着习惯去做。这就可以解释为什么军队会要求正在接受训练的新兵每天凌晨4点半从床上弹起来。毕竟对我们大多数人来说，在那个时候被叫醒，我们会想要按下“再睡一会儿”的按钮，或是闭着眼睛挣扎一阵才起床。这也解释了士兵们为什么会自动地齐步前进。它还解释了在大多数人都会被吓得目瞪口呆的残忍战场上，士兵们怎么能够自觉地遵守命令，顶着炮火坚持战斗。士兵们能够做到这些事情，是因为反复的练习把这些行为铭刻进了他们的大脑里。

尽管如此密集的训练牢牢地把行为铭刻进了士兵的大脑，但此后还是会有一些士兵丧失做出受训反应的能力。比如遭遇战争创伤，就有可能发生这种情况。

从加布丽埃勒的故事里我们知道，如果大脑受到损伤，从前铭刻的行为，比如走路、说话和歌唱的能力就可能会丧失。大脑损伤让加布丽埃勒忘记了原来的行为，需要接受重复训练，重新铭刻这些行为。但大脑的生理创伤并不是导致人们忘记铭刻行为的唯一方式，心理伤害也可以造成同样的后果。

经历心理创伤的人，比如看到了战友送命或濒死的士兵，有可能会受到创伤后应激障碍（PTSD）的影响。在创伤后应激障碍这个术语里，“创伤”是关键词，它可以让士兵做出有违训练的行为。经历创伤后应激障碍的士兵，上了战场可能会突然因害怕而无法行动。如果他们之后碰到跟经历创伤时类似的情况，也有可能反应过度。创伤后应激障碍还有可能铭刻了一套全新的不健康行为，让士兵在回家之后极难重新融入普通人的生活。

2003 年，大卫·乔治（David George）随第一批部队进驻伊拉克时，是 101 空降师的特种技术人员[18]。他奉命驻扎巴格达北部的一座城镇时，军营旁边一辆装满炸药的汽车被引爆了。大卫说，这“引爆了一切”。大卫那天听到的惨叫声铭刻到了他的大脑里。创伤事件建立了一套新的习惯，变成了他生活的一部分。大卫出院并回到马里兰州的父母家之后，还能不停地听到自己在营地里听到的惨叫声。

创伤后应激障碍不仅能影响士兵，也能影响各种经历过创伤性事件，比如经历过战争、看到过有人被杀、挚爱之人去世的人。闪回，或者说，某件事像做梦一般重现，是创伤后应激障碍的标志性症状。对像大卫这样的士兵来说，耀眼的闪光灯就可以触发这些闪回，提醒他在军营的经历。

与大脑所做的其他事情一样，创伤后应激障碍也具有目的性，它的心理目的之一是在大脑中铭刻反应，好让人将来更容易处理类似的事件[19]。换言之，创伤后应激障碍是适应性反应的极端版本，将行为铭刻到大脑里好让人们做准备，以防创伤性事件再次发生。比如看到闪光能否迅速趴到地上，可能就是士兵生还或是死亡的关键。或许我们可以利用创伤后应激障碍帮助训练这类行为，然而，创伤后应激障碍的问题在于，每当你经历类似场景的提醒时，你都会感到不舒服、不适应。好在灯光闪烁时，大部分人并非处在生死关头。因此，大多数士兵回国后都需要重新调整回普通人的生活习惯，而不是他们在战场上求生所需的习惯。

大卫的问题就出在这里。创伤后应激障碍让他的思想和行为发生了剧烈的变化。在父母家里，他端着步枪，从一个房间闪到另一个房间，扫描角落以确保周围是安全的。焦虑和抑郁症严重到几乎驱使他自杀。绝望之下，他尝试了许多不同的药物，但都没有效果。大卫似乎不可救药地脱离了正常生活的轨道，说不定一辈子都要跟创伤后应激障碍带来的症状抗争了，要不然，就是英年早逝。怎样才能帮助他呢？

1984 年 6 月 6 日，程序员阿列克谢·帕基特诺夫（Alexey Pajitnov）正在莫斯科的前苏联科学院计算机中心工作。他发布了一款业余时间制作的电子游戏 *Tetris*，也就是我们所熟知的《俄罗斯方块》①。

我们知道，把事情变得像在玩游戏，对人来说能成为一种诱人的奖励。所以，不足为奇，《俄罗斯方块》至今仍是经典。实际上，这是有史以来最畅销的一款游戏，在它发布的 30 年后仍在热卖。

然而，令人惊讶的是，《俄罗斯方块》竟然在帮助有心理创伤的患者时表现出了一定的发展前景。游戏是怎么帮助他们的呢？答案是，改变他们的大脑[20]。

① 《俄罗斯方块》在当时极具革命性，它的名字来自阿列克谢最喜欢的体育运动 tennis（网球）和希腊数字前缀 tetra（意思是 4）。该游戏内含 4 种几何图形，需要像拼图那样操作。

尽管许多创伤后应激障碍患者出现了创伤性闪回和创伤行为，但如果能在这些闪回和新习惯铭刻进大脑之前就对大脑进行干预，那么，就可以预防创伤后应激障碍。换句话说，我们可以开发一种“认知疫苗”来预防大脑形成有害的习惯。

《俄罗斯方块》就是这类认知疫苗之一。研究人员发现，创伤性事件发生后，在 6 小时之内玩了《俄罗斯方块》的人，跟没有玩的人相比，出现记忆闪回的概率明显要低得多。人们只需要玩 10 分钟《俄罗斯方块》，就足以扰乱大脑，不让创伤铭刻到大脑里。这项研究有助于人们了解怎样利用分心之物，比如有吸引力的游戏来防止形成不必要的习惯。如果你知道一种习惯即将形成，而你又想要阻止它铭刻到大脑里，认知疫苗是非常有帮助的。

令人遗憾的是，人们往往来不及给大脑注射认知疫苗，阻止创伤性事件铭刻下来。例如，对战场上的士兵来说，离开战区并立即返回军营玩电子游戏恐怕并不现实。大卫也没法这么做，因为他的创伤性应激障碍相关行为已经铭刻到大脑里了。《俄罗斯方块》一类的分心消遣不能治疗已经铭刻的创伤性应激障碍。那么，人们怎样才能重新训练大脑，让它摆脱之前的铭刻行为，创造新行为呢？

过去几年里，研究人员在理解冥想怎样影响大脑方面取得了显著的进步。冥想不仅能增强耐心，而且能改变大脑的运转方式。它可以通过铭刻一套全新的心理反应来提高觉知、改善注意力，甚至重新训练大脑。

冥想会给人们的健康、幸福、人际关系和生产能力带来持久的变化，甚至改变大脑的解剖结构[21，22，23，24]。

STICK WITH IT

冥想帮助大卫缓解了创伤后应激障碍的症状。大卫接受邀请，参加了一次调查研究，并在此期间学习了冥想。该研究要求他坐着冥想 20 分钟，其间专心念一个词，或一句话。第一次冥想之后，大卫 5 年来第一次体验到了心灵的宁静。于是，他决定每天坚持练习冥想。

一年之后，大卫对自己每天坚持冥想的新能力进行了回顾。大脑里反复铭刻的一种持久的新行为，让他变得更健康、更快乐了。他甚至可以回首在伊拉克的日子，冷静地描述自己在当地的经历。他还开始为战士健康行动组织（Operation Warrior Wellness）工作，该组织致力于在 3 年内训练 3 万名退伍老兵学习冥想。

我可以为冥想的持久益处作证。高中时代，因为患有雷诺氏综合征，我在练习了足球、排球和田径之后，手会失血变成紫色。我为此去找医生求助，但医生看到我的血管收缩，以为是吸烟所致，反而问我每天抽多少包香烟。他不相信我并不抽烟，还请我的母亲离开房间，以为这样我就会告诉他实情。

为了寻求治疗疾病的补救措施，我开始阅读冥想和生物反馈技术方面的书籍。我了解到僧侣们是怎样通过冥想控制手的温度的。我开始定期冥想。雷诺氏综合征的症状渐渐消失了。于是我每天都坚持冥想，以便将它铭刻在大脑里。

通常，我会在早晨开发股票算法，或者参加艾滋病病毒预防研究会议，但不管我在做什么，只要听到 8 点 40 分的闹钟一响，我就会停下来进行 20 分钟的冥想。我不断感受到冥想为我的健康和工作效率带来了益处。

把冥想作为日常习惯，反复铭刻到大脑里，人就更容易坚持。这并非冥想的独特作用，而是属于以下心理状态：**把行为变成习惯，有助于将它铭刻在大脑里，增加黏性，以便坚持。**

让反复铭刻赋能生活

赞恩·刘易斯（Zane Lewis）是我们一项研究实验的参与者，他介绍了自己是怎样提醒自己每天服药的："通过我自己设计并创造的软件和硬件，我掌握了严格监控自己服药情况的独特能力。我能准确地知道自己在什么时候、什么地方服药，还提醒自己不要减少剂量。我甚至可以不仅根据服药时间，还根据非常基本的生命体征来判断额外服用药物对自己是否安全……我还为这项技术申请了部分专利。我正在继续努力，把它变成一种可行的产品。"[25]

我们本来每天都需要穿鞋，它已经深深铭刻在我们大脑里了。无须太多努力，我们就可以把平常穿的工作鞋或休闲鞋替换为跑鞋。又由于跑鞋与跑步自动配对，我们发现出门跑步变得越来越容易进行了。**我把这称为“磁力行为”：实施某种行为（穿上跑鞋）可以变成“磁铁”，导致另一件相关且可取的行为（跑步）发生。**

成功人士一贯很擅长利用磁力行为。举例来说，驰骋泳坛多年的奥运会金牌得主迈克尔·菲尔普斯（Michael Phelps）有一套高度纪律化的赛前仪式。从 12 岁起，他就会在游泳之前做相同的事情，包括按照固定方式拉伸，听嘻哈音乐，在胸前来回摆动手臂，接着站上起跳台[26]。他还是个年轻选手时，就靠着这套仪式取得了巨大的成功。所以，他对这套仪式充满信心[27]。

有些运动员会找菲尔普斯的歌单来听，认为这些歌曲是他成功的秘诀[28]，但他们并未意识到关键并不在歌单上，而在于歌单和习惯的其余部分互为磁力行为。

游泳前听音乐、拉伸和拍打手臂对菲尔普斯来说很容易，难点在于处在疲惫的日子、有其他事情想做的日子里，也获得游泳的动力。但因为熟悉的习惯已经被铭刻在了大脑里，从而让习惯成为磁力行为，所以坚守过去给自己带来成功的习惯，能帮助他将行为贯彻到底，在将来也实现类似的成功。

回顾自己的经历，你兴许感觉自己总是未能有所改变。也许你没能学会一门新语言，没能坚持弹奏乐器；也许你没能让人们购买你创造的新产品或新技术。但别为过去发生的事情担心。现在它们不重要了。我们知道，用新行为取代旧行为是可行的。

在今天，重要的不是你过去的经历，重要的是你已经有了一些线索和步骤，在下一次尝试改变时，能让你更有可能坚持下去。铭刻是一种能帮你坚持行动的强大力量。如果你想要每天锻炼，那就设定好锻炼时间，点击闹钟，遵照执行。你越是能坚持，它就越是会铭刻到大脑里，你也就越容易继续做下去。

行动练习清单
STICK WITH IT

让新行为成为你的习惯

1. 你现在已经拥有了改变行为并坚持行动所需要的所有力量与武器。把行为设定成一件你经常要做的事情，把它反复铭刻到大脑里，让它更易于坚持吧！
2. 让这种行为成为习惯。计划好执行它的时间和日期。让执行时间尽量规律，比如每天早晨 8 点，或每个星期六和星期日一醒来后。
3. 设置闹钟，提醒你坚持习惯。
4. 尝试在进行惯例活动时加入一些其他武器的力量，看看有了这些力量的帮助，习惯会不会更容易坚持。例如，如果你想要每天跑，可以加入社群的力量，邀请别人和你一起跑。如果你想将“早晨一醒来就锻炼”变为习惯，请把跑鞋放在床边，方便记住自己的打算。也别忘了增加极具诱惑力的奖励，让你更加想要继续做下去。

STICK WITH IT

第三部分

整合 7 种武器，升级自我

STICK WITH IT

第 9 章

进攻：分心时代

如何发挥武器的更大效能

智能手机、即时聊天工具等新技术在带来快乐、高效的同时，也让人们更容易分心。

SCIENCE 模型能让人们掌握调动“头脑里不同肌肉”的力量，知道在什么时候、以怎样的方式运用哪一种武器，坚持行动。

查理·布拉克（Charlie Bracke）一直特别喜欢玩电子游戏，从小时候起，他就喜欢那种沉浸其中和忘我的感觉。但随着年龄的增长，他从游戏中获得的乐趣逐渐变成了逃避现实生活的需要，他成了一个瘾君子[1]。因为年少时常被哥哥欺负，他会在周末躲进游戏里，连续每天玩四五个小时，非周末的日子还要再玩 10 个小时左右[2]。上中学结交更多的朋友之后，他暂时中断了玩游戏，可后来，随着接连谈了几次恋爱都失败了，他发现自己被迫逃回了游戏中。此后事情变得更糟糕了。在大学三年级时，查理的奶奶去世了，他陷入了抑郁。查理开始从医生那里寻求治疗，但同时每个星期仍会玩上 50 ～ 60 个小时的游戏以求自愈。

后来，查理试着改变自己的生活。他离开了在印第安纳州的大学，到弗吉尼亚州跟哥哥住在一起，并找了一份房地产工作。但只是换个地方，无法阻止他玩游戏。他的游戏上瘾跟他住在哪个城市没关系，其实是缘于他没办法战胜自己的冲动。他会告诉自己，只玩一款游戏没关系，可他一玩就是几个小时。有一次，他哥哥去度假，他待在家里看房子，人生的低谷就此降临了。10 天里，查理只出了 3 次门，全是为了匆匆买点吃的好回去继续玩游戏。不久后，他跌到了人生的最低点，父母发现他停止服用抗抑郁药物，还打算自杀。查理需要帮助。

值得庆幸的是，查理获得了帮助。他的故事有个愉快的结局，但我在这里姑且先卖个关子，稍后再说。

虽然新技术给我们的生活带来了更多的快乐、更高的效率，但它们也在损害我们的健康。智能手机、即时聊天工具和电子游戏等可以让人们更快、更轻松地沟通，带给人欢乐，但同时也让人感到紧张、失去耐心并上瘾。对从前需要等待几天甚至几个星期才能有消息的事情，我们现在总盼着立刻就能得到回复[3]。

正如查理的案例，“分心技术”正在创造新的上瘾类型。想想人们从前是什么样的呢？他们会感到无聊，不得不主动寻找兴趣爱好或其他的娱乐活动，比如阅读、从事体育运动、跟他人一起消磨时间[4]。如今不再是这样了。商人们越来越擅长使用心理学知识，知道怎样让我们分心[5]。

越来越小的孩子被“分心技术”影响。虽然家长可以利用分心法，让养育工作变得更容易，并给孩子买电子设备，好让孩子不再无聊、不再烦躁[6]。但这样一来，新的技术反而助长了人们的不耐烦。人们原来会耐心地等朋友或同事来开会，等人行道上的交通信号灯变绿，等汽车或公交车把自己载到目的地；可现在，他们用智能手机或平板电脑打发时间，分散注意力。

可是要想把事情坚持做下去，就需要耐心。“分心技术”减少了人们的耐心，因此也就让人们变得更难坚持自己想做的事情了。不足为奇的是，许多熟悉“分心技术”的人，比如乔布斯和其他“分心技术”的创始人，会限制自家孩子使用自己创造出来的工具。

《史蒂夫·乔布斯传》的作者沃尔特·艾萨克森（Walter Isaacson）说：“每天晚上，乔布斯都很重视跟孩子们在厨房的长桌子上吃饭。他们讨论书籍、历史和各种各样的东西，但从来没人拿出 iPad 或电脑。孩子们似乎完全不对这些设备上瘾。”[7]乔布斯似乎是在利用极度容易的力量，限制在家庭环境里使用技术设备，阻止家人对技术上瘾。

抵挡玩电子游戏或浏览手机的冲动，只是人们想要改变的行为之一。还有一种更常见的行为改变愿望，那就是希望每天都动力满满地去上班。人们有时会在周末睡得太晚或者玩得太开心，等到星期一早上，闹钟铃声就会像是直接打在身体上的闪电，让人浑身难受。可有些工作会叫人更加不愿意醒来。

以美国陆军征兵员为例。陆军征兵员的任务很困难，那就是找到足够数目的人参军。这个数目是从哪儿来的呢？它始于国会，由国会决定需要多少士兵。接下来，这些数目会被分配到全美各地，下达到地方征兵中心。每个征兵员都有规定的数目要完成，在此过程中，他们承受着巨大的压力。

动员人们参军这样充满政治色彩的工作，压力很大，说不定还有人会抗议。军队征兵员还常蒙受向参军者说谎的污名，这带来了更大的压力。但根据我所采访的征兵员乔舒亚·莫里森（Joshua Morrison）中士的说法，如今最大的挑战是找到既符合条件又有志于此的候选人："71%的美国人不符合入伍条件，到最终，只有1%的人会参军。大海捞针真的非常困难。与普遍的看法相反，这不是一份‘一刀切’的工作。我以前用过这样的比喻，‘如果波士顿红袜队需要一垒手，哪怕他们有多余的外野手，也不会把外野手给调配到一垒去。他们会出去招募一名新的一垒手’。军队也不例外。我们不能随随便便把人安插到空缺上去。"[8]这意味着，征兵员每天都会接触不同的人，经历多次失败，甚至好几个星期都招募不到一个人。要是到了月底，征兵员未能达到目标招募人数，上司也会对他们施加压力。所以，这是一份难以坚持的棘手工作。

那么，军队该怎样让征兵员坚持工作呢？我会在下面揭晓答案，外加介绍查理的故事。

要想持续行动，不能只用一种武器

有没有一种办法能用来帮助人们坚持自己想要做的任何一件事呢？我介绍的7种武器中，有没有哪一种既适合查理，又适合征兵员，还适合我们所有想要坚持做事的人呢？

大多数论述行为改变的书都说有，它们大多会介绍成功人士具备的一种素质并建议：只要你具备这种素质，成为那样的人，你就会成功。这些书里给出的一种常见解决办法是，人应当培养习惯。这听起来像是个很好的提议。有些书甚至还讲解了"怎样培养习惯"的科学。但为什么人们读了这些书后还是改变不了呢？

主要有两个原因。第一个原因，尽管阅读一本书能让人有改变的动力，就像听了一场励志演讲，但除非人们迅速着手行动，否则这种动力是无法持久的。本书的基本理念之一是，持久的行为改变并不始于思想，比如试着说服自己去改变，持久的行为改变要从行动开始，比如跟一个社群的人讨论这本书，而不是读完就好。

第二个原因，让你养成某种习惯的书籍所依据的科学，来自一种叫作条件反射的原理，它已经有数十年的历史了。研究人员考察了改变大鼠等动物行为所需要的条件。他们发现，为了让动物学习新的行为，需要一种刺激（或触发因素）、一种反应（行为），接着是一轮强化（能让动物想要再做一次的奖励）[9]。如果他们想要教一只猫从箱子里脱身，就会找一种猫需要的东西，比如食物，接着，等猫压下杠杆从箱子里脱身后便用食物去奖励猫。通过这种方式，猫学习到一旦自己置身于箱子，看到杠杆（刺激），就应该去压（反应），以便从箱子里出来，并获得食物（奖励）。但愿这一幕你会觉得熟悉，因为这就是我们在第 7 章里讲过的条件反射场景。

为什么条件反射，或习惯科学无法创造持久的行为呢？如果条件反射是改变行为所需的唯一解决之道，为什么本书只在第 7 章里花了寥寥几页来介绍它呢？显然，我并不认为这是唯一的解决办法。心理学领域的绝大多数科学家也不这么认为。实际上，许多心理学家都认为，行为主义这个领域已经是过去式了[10]。他们为什么这么认为呢？首先，人不是笼养的动物，在动物身上所做的条件反射研究，往往并不适用于人类，因为人的思想和生活都远比动物复杂。其次，不是所有的行为都一样，行为也分为不同的类型，**每一类行为的改变都需要一套不同的武器组合。**吸引力是一种工具，但我们改变行为的工具箱里需要多种工具才能让该行为坚持下去。

以学习为例。如果你想教一个人做某件事，利用条件反射的作用就很好。如果一名学生努力学习，在考试中得了“优”，他就知道自己学会了怎样在这堂课上学习①。下一次他又要参加考试（刺激）时，他会知道自己应该用多长时间来学习，采用什么样的方法（反应）。因为得“优”（奖励）这件事教会了他，就像食物教会猫按压杠杆一样。尽管用“优”来奖励的方式教给了学生怎样学习，但他不见得会坚持学习，因为他还会受到其他事情的影响，比如他的朋友是否认为学习是件够酷的事情，他是否还有其他运动项目、任务或事情要花费时间。所以，条件反射可以教学生怎样学习能得“优”，但要让他贯穿始终，为每一场考试都坚持学习，还需要除了致命吸引之外的多种武器（包括条件反射）。

条件反射还有助于改变习惯，改变那些可以自动、无意识地完成的短期、简单行为，但它并不适用于所有行为。如果你想改变更复杂、涉及更多思考的行为，这种方法就不会奏效。改变复杂行为，需要借助其他武器的力量（见图 9-1）。

① 考试得“优”，奖励的是人知道了某件事（如考试的答案），但它真正奖励的是学生为知道答案做出的行动（即学习）。如果学生得了“优”，他们就了解到，如果想要再次得“优”，就应该按照之前一次得“优”的行动做（像上次那样学习）。这就是条件反射在学习中的运用。

以每星期坚持跑步作为例子。你不能使用条件反射来让它变成习惯，因为它永远不可能变成一种迅速的、自动的、无意识的行为。人们必须有意识地完成一些步骤才能去跑步。你在什么时候意识到自己未经思考就完成了一次跑步呢？难道是在跟朋友交谈的过程中，你无意识地停止了说话、换上运动衣、穿上跑鞋、拿出耳机、牵上狗，或是带上任何跑步时要用的东西，出门跑了 30 分钟？接着，等回到家，你突然又清醒了，意识到自己刚跑完了步？这样的情形实在不太可能出现。

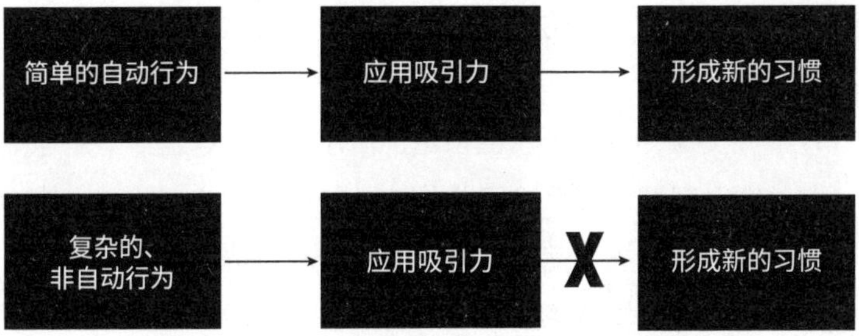

图 9-1　改变不同类型的行为需要不同武器的力量

在跑步动力不太足的日子里，我倒真希望自己会碰上这种事，可惜从来没有过。我猜你也不会碰到这种情况，虽然整个过程的每一部分都有可能变成习惯，比如在跑步时，你的身体可能会有几分钟是自动迈步的，思绪也在走神，但整体而言，它不会变成习惯。

人类是复杂的。人所做的行为并不全都一样。人是否记得每天用牙线清洁牙齿背后的心理，跟人为什么想自拍并上传到朋友圈背后的心理很不一样。

回到查理和军队征兵员的例子，人会对游戏上瘾背后的心理跟怎样让人坚持工作的心理完全不同。一如生活中的其他事情，不同的问题需要不同的解决方案。音乐老师不会用同一本教科书解决学生碰到的每一个问题。如果有学生难以理解音乐理论，不知道哪些音符构成了特定的和弦，音乐老师可能会用到教科书，或把和弦画到黑板上加以解释。但教科书不见得随时都是最合适的工具。如果贝斯手难以听出歌曲里的低音，给他教科书也无济于事，此时老师必须陪着学生一起听音乐，学生才能学会靠耳朵分辨出低音。坚持行动也是同一个道理，我们需要用不同的解决方案或不同武器的力量，解决不同的问题。

与让征兵员保持工作积极性相比，治疗游戏上瘾是一个完全不同的问题。而这两个问题，似乎又跟其他涉及坚持行动的问题，比如坚持锻炼，或者记得站直身子等完全不同。想到涉及坚持行动的问题有这么多差异，我们恐怕也需要无数种解决方案，一类问题对应一种解决方法。这听起来挺让人绝望和沮丧的。

好在我们并不需要这样做。没错，人们的行为和想要改变的问题多种多样，但我们只需要知道其中的一点区别就行。治疗游戏上瘾和坚持工作之间的关系，只有一点重要的区别。

这一点区别就是，**人们对自己的行为是否留意，能不能意识到自己当时正在做什么，会决定他有没有能力停下来。**军队的征兵员能充分意识到自己在招募新兵时所做的一切。他们会有意识地拿起电话、走到大家面前，或者给对方发送电子邮件，希望自己能找到既合格又对参军感兴趣的人。相比之下，查理和其他对游戏上瘾的人虽然同样意识到了自己想要开始玩电子游戏，但基本上没有停下来的动力。这两种行为的不同之处是，前者是有意识地完成的，后者是无意识地完成的。这就决定了我们应该借助什么武器去阻止这种行为。

举个例子，假设说你决心保持良好的体态，而你在日常生活生活中往往会不知不觉地就弓腰驼背起来。这样的话，用类似阶梯模型等武器是很难维持良好体态的，因为它需要你规划渐进的步骤。如果你根本没有意识到弓腰驼背，显然你难以采取小的步骤来阻止这一行为的出现。可是，让自己保持动力天天锻炼，就完全是另一类问题了。人想要调动自己去锻炼的时候，大多是很清楚自己在干什么的。他们只是需要更多的动力去锻炼。诸如阶梯模型等武器用在这里就会很有帮助。你可以采取第一步：出门散步两分钟。

哪一种武器更为适用，取决于人在做某件想要改变的事情时是否有意识，并且能不能对此做出改变。

STICK WITH IT

我们已经逐渐接近本书的尾声了，我想为你指出两个要点：首先，一般而言，如果一个人尽量多地采用了本书所介绍的 7 种行动武器，他将事情贯穿始终的可能性就会更大。其次，这 7 种武器并不是全都随时需要的：知道在什么时候、以怎样的方式运用哪一种武器，能让你坚持行动。不同的问题需要不同的解决办法，补救不同类型的行为问题需要调动“你头脑里的不同肌肉”。

本书介绍的 7 种武器构成了你补救不同行为问题的工具箱，你可以用这个工具箱来让自己或他人坚持某种行动。但和其他任何事情一样，特定的工具只适用于特定类型的问题，再加上人很复杂，因此选择合适的工具解决特定的问题并实现行为改变，这尤为重要。

所以，比起单纯地依靠培养习惯，我们更需要一种更好的行为模型。新模型要从设计上就着眼于运用独特的方法，创建并改变人们不同类型的行为。

分清 3 种行为类型，是选择武器的前提

多年以来，我跟一些顶尖的心理学家和神经科学家合作，设计出了 SCIENCE 模型，它将指导你在什么时候、怎样运用持续行动的 7 种武器。这是我想和你分享的最后一件事，方便你详尽地理解怎样运用 SCIENCE 模型来改变生活。但要理解这套模型，我们首先需要弄清我在本书开头所说的 A 类、B 类和 C 类行为。让我们先快速回顾一下持续行动的 7 种武器。

- **阶梯模型：**实施非常小的步骤，使用步骤、目标和梦想的模型。例如，如果你正在为新公司设计目标规划，别打算在本周末之前就锁定第一位客户。这或许只是个梦想，不妨先设定较小的步骤：这星期先会见 3 名潜在新客户。

- **社交磁力：**加入那些正在做你想做之事的人的队伍。社会

支持和社会竞争能促进行为改变。

- **要事为先：**要想持续行动，请确保这是一件对你真正重要的事情。
- **极度容易：**让事情变得更容易。如果事情容易去实施，人们就会去做；如果不容易，就很难坚持。
- **行为在前：**意识爱捉弄我们，掌握它捉弄你的窍门，为你所用。例如，按照富兰克林的建议，促使他人为你做件充满善意的事，你会赢得新的朋友。
- **致命吸引：**对于自己需要做的事情，如果能得到奖励，你就会坚持做下去。
- **反复铭刻：**反复做某事。大脑会因为重复和一致行为给予你奖励。

改变行为的秘诀是，用新行为替代旧行为。但只有借助适当的武器，新行为才能坚持下去。这就让我们回到了之前的问题上：每当人们想要创造并改变某件事，需要运用哪些武器呢？仅仅用这 7 种武器里的任意一种，是不是就够了？

我的回答一般是：如果你有疑虑，不妨尽量多地使用。更准确的答案则是：这取决于你想要改变的行为属于什么类型。

行为分为 3 类，也就是我所说的 A 类行为、B 类行为和 C 类行为，它们分别代表自动行为、冲动行为和常见行为。你可以把这 3 类不同的行为视为 3 类不同的问题，需要使用不同类型的解决方案。改变 A 类行为、B 类行为和 C 类行为，要用到不同的工具和计划。

A 类行为、B 类行为和 C 类行为的区别在于人们对行为有多大的意识控制力。一般而言，人们对行为的意识控制力越高，该行为就越容易被改变。

创建持续变化的过程分为两步：首先，确定你想改变的行为属于我所说的 A 类行为、B 类行为还是 C 类行为；接下来，利用所需的武器来改变这种行为。

STICK WITH IT

A 类行为——自动行为

这里有一个家长们应该很熟悉的例子：我女儿两岁时不是一个有着出色运动技巧的孩子。她经常抓起贵重东西，比如我在亚马逊网站上买的巴西吉他，把它们朝墙上或者地上砸。等我冲过去把东西夺下来后，又会情不自禁地冲她笑，因为她还太小，不知道该怎么控制自己。我会向她解释为什么不应该随意毁坏东西，因为我相信，从小就应该给孩子讲道理。但我并不指望她因为我教过她为什么该更加小心，就能对行为做出持久的改变。如果她不知道自己该更加小心的话，这番劝诫说不定会管用，可惜这不是问题所在。

问题在于，女儿还太小，记不住我说的话，而且也根本不具备运动技巧让自己小心拿东西。就算她在那个瞬间理解自己拿东西时应该更小心，也基本没有足够的意识记住自己将来能拿什么东西砸地板，不能拿什么东西砸地板。因此，让她每次越来越轻地拿着吉他砸地板（阶梯模型），或是向她解释为什么应该轻拿轻放（要事为先），恐怕都不是好的解决办法，因为她根本意识不到自己当时在做什么，也没有能力不再那么做。相反，简单的解决办法是在家里设置“宝宝安全范围”，比如把吉他放到她拿不到的地方，给她毛绒玩具或小吉他（极度容易），如果她这么做了，我就会给她奖励，和她一起唱歌，这能在我找到别的东西塞给她之前发挥两分钟作用。这就是解决这种问题的正确方法。我是怎么知道的呢？因为我想改变的是女儿的自动行为问题。

自动行为指的是人们出于无意识做出的事情。

STICK WITH IT

人在做自动行为时，几乎不可能控制自己，因为我们根本没有意识到自己在做它们。自动行为往往会在相同的情况或条件下自动发生。出于这个原因，**改变自动行为的方法之一是使用条件反射**。在等红绿灯时不知不觉抓起了手机，或是抱着吉他无意识地开始演奏你弹过千百次的和弦，这些都是自动行为的例子，人们没有意识到自己在做什么。自动行为也可能是一种条件反射，如有东西朝你脸上扔过来，你会不由自主地缩头；或是一种重复的无意识行为，比如咬指甲；或是因为膝盖上放着一袋薯片就不知不觉地吃了半袋。自动行为是深深铭刻在大脑里的，很难改变。它们是圈养动物，比如狗、猴子和大鼠的主要行为，这些动物通常是不假思索地做出反应。但人也同样会有自动行为。

由于人们并不会觉察到自己在自动做某件事，所以，想要改变的时候，那些需要有意识关注所做之事的武器是不管用的。一如阶梯模型和要事为先这两个武器无法阻止我的小女儿损坏挡在她面前的东西那样，这些武器也不能改变个人的自动行为，除非这个人做想要改变之事的时候有所意识。这些武器没有害处，只不过并无太大帮助。

如果一个人不想无意识地在公共场合挖鼻孔，不管这对他有多么重要，除非他能意识到自己什么时候会这么做，否则，他就停不下来。但其他的武器，比如极度容易，此时便可发挥作用。如果他戴上手套，那么，他是否意识到自己在挖鼻孔就变得无所谓了，因为，除非他摘掉手套，否则他没法把手指伸进鼻孔。自动行为通常是无意识进行的，因此，就必须借助怎样创建及改变无意识行为的科学来治疗。

正如驯兽师会使用食物（致命吸引）和网球拍等（极度容易）来引导动物自动坐下或跳起，人也需要这些武器来创造和改变自动行为。假设你想要改变无意识咬指甲的自动行为，将它替换为另一种自动行为，比如嚼口香糖，你可以先让“不再咬指甲”这件事变得容易些。例如，你可以戴上手套，让自己意识到自己什么时候想咬指甲，也让自己更难于咬到指甲（极度容易）。一旦你意识到自己在咬指甲，你就可以朝嘴里塞一块口香糖。

如果你想改变自动行为（见图 9-2），不妨使用极度容易和反复铭刻这两个武器。如果可能，行为在前和致命吸引两个武器也用上。如果借助其他可以改变有意识行为的武器，益处不会太多，当然，也不存在坏处。

STICK WITH IT

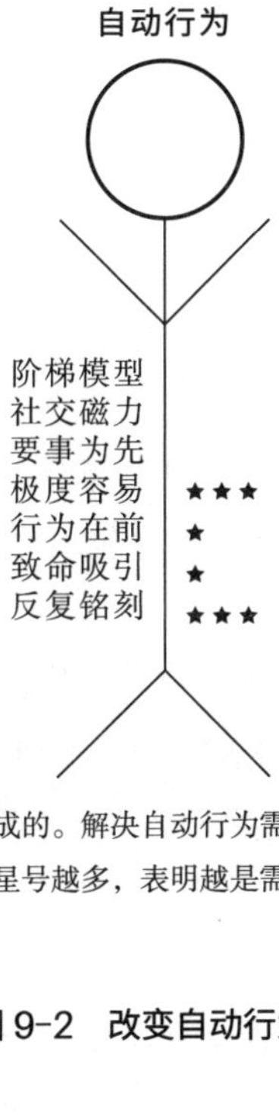

自动行为是未经太多思考就完成的。解决自动行为需要一组特定的力量，因为它们是在无意识的条件下发生的。星号越多，表明越是需要借助该武器的力量来改变此类行为。

图 9-2　改变自动行为

以下是一些自动行为举例。

- **不可取的自动行为：**不知不觉地咬指甲或咬嘴唇、缩头探脑；等红绿灯时无意识地拿起手机；不自觉地吃起了摆在面前的食物；不自觉地叹气，忘了自己明明正懒散地瘫坐着。

- **可取的自动行为：**在排球比赛中本能地跃起拦球，或是篮球比赛时本能地将即将进篮的球截断；在吉他上弹奏一段你练习过上千次的和弦；用多年来习惯了的方式刷牙。

本书为人们提供了在生活和工作中持续行动的处方。但一如医生的处方需要针对每名患者贴身设计，持久的行动计划也需要根据每个人的行为来量身定制。医生或许会为患者开出止痛片，但优秀的医生会根据患者的年龄、症状和用药顾虑等因素来调整处方。我们也需要采用相同的方法。

在本书中，我会为这 7 种行动武器开出一份高级处方。你运用的武器越多，就越有可能实现持久改变。跟医生的处方一样，这些武器适用于人的不同需求，要看涉及的行为属于自动行为、冲动行为还是常见行为。

你怎么知道该怎样运用这 7 种武器，并在什么时候运用呢？从下面开始，我将针对每一类行为，借助案例，来回答不同的人该怎样将这 7 种武器运用到生活和工作中。案例研究来自我在执教的课堂、收到的电子邮件、与持续行动相关的顾问工作中收集到的真实提问。我把这些资料整合到了一些常见情境中，在这些情境下，这些人都需要帮助来实现行为的持久改变。

STICK WITH IT

持续行动处方

亲爱的肖恩·扬博士：

我很绝望！我是一名 51 岁的管理顾问，喜欢喝含糖的软饮料。让我很遗憾的是，我的腰围最近意识到了这一点，对我施加了惩罚。我尝试过饮食计划，也曾借助营养书籍来改变饮食习惯，但始终没能坚持。问题在于，我根本意识不到自己到底喝了多少软饮料。我的桌子上总放着一大瓶可乐，等到工作日结束，它肯定空空如也。

我该怎样借助这 7 种武器的力量，不再喝这么多的糖水呢？

读者 J. P

亲爱的 J. P：

回避垃圾食品和含糖饮料可能很艰难。谁不喜欢吃上一块巧克力松露，或者在酷热的日子里来上一杯冰汽水呢？但如果你觉得自己吃得太多，想控制一下，这里就是你接下来该做的……

我要给你一份坚持行动并实现持久改变的处方。和任何处方一样，我们兴许需要为你量身定制或调整，所以，你先试上几天，让我知道进展如何，接着我们再加以调整，让它符合你的需求。

1. 用 SCIENCE 模型来判断你尝试改变的行为属于自动行为、冲动行为还是常见行为。按照你的说法，你说自己喝软饮料时全无意识，这听起来像是一种自动行为，实际上倒让解决方案变得非常简单了。一如你在图 9-2 中所见，要改变自动行为，需要使用极度容易、行为在前、致命吸引和反复铭刻这几种武器。
2. 不要把大瓶可乐或含糖饮料放在桌子上！如果桌子上没有，你就没办法不知不觉地喝下去了（极度容易）。
3. 用另一种能满足你的饮料代替你喝软饮料的习惯。如果你喝软饮料只是为了缓解口渴，那就换成水。如果你是因为软饮料的口感才喝的，可以试试其他东西，比如在水里加上些水果。如果你喜欢的是碳酸口感，那就用苏打水来代替（致命吸引）。

4. 把它变成习惯。每天在桌上放一瓶纯净水或苏打水。出门上班之前设定闹钟，或给自己发一封电子邮件，提醒自己带上要替换的水。这将帮助你熟悉新的惯例，将之铭刻到大脑里（反复铭刻）。
5. 使用工具哄骗大脑，让它意识到你已经有所改变。每天你要记得带上替换软饮料的水，只要完成了就把它标记在日历上。等你回想自己这几天的行为时，你就能意识到自己正在发生改变了（行为在前）。

肖恩

B 类行为——冲动行为

查理对游戏成瘾的行为，就是我所说的冲动行为。查理无论如何也阻止不了自己玩游戏，治疗抑郁症的药物对他也并无帮助，搬到另一个州去住也不行。与无意识的自动行为不同，坐下来开始玩游戏时，查理很清楚自己在干什么，清楚到会说服自己只玩一局游戏。他知道自己的行为不健康，必须停下来。他内心深处也知道，一局游戏会变成玩几个小时的游戏，但他抵挡不了玩游戏的冲动。

查理最终得到了帮助。父母在他人生最低点把他“捞起来”之后，他搬到了华盛顿州一家叫作“重启人生”（reSTART Life）的治疗机构[11]。查理跟其他上瘾患者，比如色情片上瘾患者、聊天软件上瘾患者、社交媒体和互联网浏览上瘾患者，以及其他游戏上瘾患者共同生活了48天。他们一起负责照料房子，并按照指导，拥有了健康的生活规律：准时醒来、锻炼、打扫卫生。因为当今世界人们几乎不可能不依靠技术生活，所以治疗方案并未把重点放在“禁止接触”上，而是放在了制订出院后的生活计划上。

查理的计划是采取小步骤，从做容易的事情开始，还要故意制造障碍，让自己更难接触到游戏。他离开治疗机构时，放弃了使用智能手机，而是改用古老的翻盖功能手机，这样想玩游戏就变难了。他取关了在社交网站上关注自己的人，也不再跟他人聊游戏，而是依靠加入治疗师和治疗伙伴们的社群来支持、帮助自己，并且在每个星期二都去见大家。他在好市多（Costco）找了份工作，并获准星期二休息去参加治疗。

回顾过往，查理意识到，自己找到了成功管理游戏上瘾的方法。他后来拥有了一台智能手机，可以提醒自己坚持服药，而且，他一整年都没碰过游戏了。他依靠监视软件，防止自己花太多时间沉迷于上瘾性强的软件，比如奈飞（Netflix）。他手机上没有安装跟游戏相关的应用程序，也会躲开安装了游戏应用程序的地方，比如躲开图书馆的计算机室。查理的计划充分利用了极度容易、阶梯模型、行为在前和社交磁力这几种武器的力量。

> **冲动行为是人们在受到内心强烈驱使或在愤怒的状态下所做的事。**
>
> STICK WITH IT

自动行为是大脑深处铭刻得最牢固的行为，因为人会自动去做，往往还意识不到。冲动行为在铭刻深度上紧随其后，因为它们指向的是感觉不可能不行动的念头。人们可能会觉得拦不住自己去做冲动行为，但能意识到自己什么时候会去做这一行为，这就是冲动行为与自动行为最大的区别。

上瘾、渴望或痴迷于某事，比如急着想要抽一支烟，克制不住地去检查电子邮件等，大多属于冲动行为。一如上瘾有可能在大脑里留下生理印记，冲动行为带来的重复且不受控制的念头与冲动，也可以强烈到让人没法不采取行动。那么，为什么它们还算不上自动行为呢？因为，自动行为的无意识本质让人无法阻止自己去做，而面对冲动行为，人是可以把自己拦下来的[①]。

---

① 依照问题的成因，同一种行为对甲来说可能是自动行为，对乙来说可能是冲动行为。看到有东西朝自己扔过来，情不自禁地眨眼睛的行为，对几乎所有人来说都是自动行为。但另一些行为，比如早晨醒来第一件事就是翻看手机，对某些人来说属于冲动行为，对另一些人来说是自动行为，这要看人对自己的行为有多强的意识，以及有多大的能力控制自己事发瞬间的行为。

> **冲动行为接近于自动行为，这意味着改变冲动行为和改变自动行为所需的力量非常接近（见图 9-3），即利用极度容易、行为在前、致命吸引和反复铭刻这几种武器的力量。但由于人们在做冲动行为时是能觉察到的，所以，另一些需要运用觉知的力量也能派上用场。**
>
> STICK WITH IT

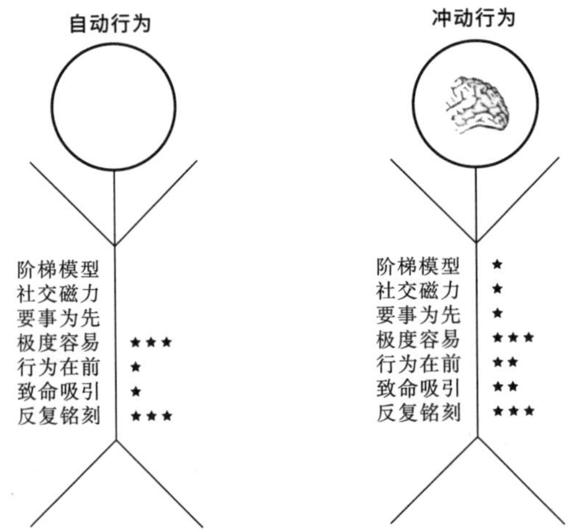

与自动行为相比，个人采取冲动行为时，对自己在干什么更有意识。在上图中，我在代表冲动行为的小人头里放了大脑的图片，而代表自动行为的人脑袋里空空如也，这是为了对两种行为差异起到说明作用。由于人们做自动行为和冲动行为时的觉知差距，改变冲动行为所需的武器跟改变自动行为所需的不同。星号越多，表明越是需要借助该武器的力量来改变此类行为。

图 9-3 改变冲动行为

例如，查理感觉到自己想玩电子游戏时有着充分的意识，有时候他能够自己停下来，并给自己的治疗师或支持小组打电话（社交磁力），从而抑制自己玩游戏的冲动。

以下是一些冲动行为举例。

- **不可取的冲动行为：** 感觉自己一醒来就需要查看手机；强烈感觉到立刻回复一封电子邮件的需要。
- **可取的冲动行为：** 感觉需要在出门玩耍之前完成家庭作业；感觉需要在上床睡觉之前解决一场家务纠纷；感觉需要每天晚上祈祷或表达感恩之情。

STICK WITH IT

持续行动处方

亲爱的肖恩 · 扬博士：

丈夫和我简直是生了一头小僵尸！ 10 岁女儿的眼睛片刻都离不开平板电脑。她唯一的兴趣就是用平板电脑看漫画和玩游戏。如果我们阻止，她就会大喊大叫，猛地关门，朝我们发脾气。孩子的教育对我们家非常重要，我担心她对平板电脑的依赖会妨碍学习。

我们该怎样才能让她不再这么疯狂地玩平板电脑呢？

莎拉

亲爱的莎拉：

像平板电脑这样的电子产品，运用了持续行动的武器来让人上瘾。我们不得不依靠相同的武器来做相反的事情，把你女儿从平板电脑里拉出来去参加其他活动，阻止她对电子产品上瘾。关于我们家长能做些什么，我有一些建议，但和所有你希望坚持的改变一样，我们必须做些测试，看看哪些武器适用于你女儿的情况。请先尝试以下建议，我们再对比她的进度，根据需要进行调整。

1. 使用 SCIENCE 模型来判断你女儿使用平板电脑是属于自动行为、冲动行为还是常见行为。我认为它应该是冲动行为或常见行为。一旦你知道它属于什么类型，图 9-3 便会告诉你哪些武器最适用。我在下面列出了 SCIENCE 模型的 7 种武器，你可以按需要选取。
2. 从小事做起。给她介绍不同的活动，看看哪些活动可以让她少玩平板电脑，哪怕只是几分钟（阶梯模型）。
3. 加入社群。让她加入不玩平板电脑的同龄小朋友群体里，比如加入运动队，或是绘画、手工艺小组（社交磁力）。

4. 找一些比平板电脑更健康、更重要的东西，如果她主动做家务、去看朋友、参加活动，就给她一些零花钱，好让她去参加活动而不是玩平板电脑（要事为先）。
5. 帮她寻找其他爱好，让她除了玩平板电脑之外，还可以轻松做其他事情。带她去她喜欢却不能用平板电脑的地方（极度容易）。
6. 使用神经记忆手段，让她意识到自己不需要使用平板电脑。她越多地参加跟平板电脑无关的活动，就越能意识到自己享受其他的活动，而不需要平板电脑（行为在前）。
7. 让这个改变过程变得好玩。让她发现还有其他的活动同样好玩，比如跟她一起玩棋盘游戏、跳舞、去公园游泳（致命吸引）。
8. 形成新的习惯。帮她寻找平板电脑的替代品，比如每天都在同一时间参加其他活动，这能让新的活动成为惯例（反复铭刻）。

肖恩

C类行为——常见行为

人们在日常生活中经常试图改变的行为，大部分都是常见行为。我们试着激励自己或他人改变某事，比如坚持完成周末给浴室重新吊顶的计划，外出就餐时点健康的食物，这就是我们在试着改变常见行为。

保持动力，每天准时上班，这就是一个常见行为的例子。人们知道自己必须去上班，也知道自己有能力这么做，但如果前一天晚上喝了一瓶葡萄酒，或者孩子、宠物狗半夜把你闹醒了，那么第二天一早，你就很难精力充沛地准备上班。

那么，军队是怎样让征兵员每天早晨天不亮就起床的呢？莫里森中士是怎么坚持干了14年征兵员的呢？答案是，他运用了本书提到的所有武器："每一名征兵员都必须先完成为期8周的培训，才能履行征兵员之责……从训练第一天起，我们就要学习怎样接受在工作中被人拒绝（阶梯模型）。……一个征兵员典型的工作日开始于向领导报告工作进度。在报告进度的过程中，领导会跟征兵员讨论各个潜在的候选人和申请人，并逐一给予指导。然后，他们讨论当天需要进行的潜在兵源开发活动。接着，征兵员执行自己当天的行动计划，当天结束时，再向领导做行动后的工作汇报。这种360度的沟通对任何成功的组织都至关重要，因为它可以避免漏掉问题并为征兵员提供宝贵的指导。"

从基本训练的第一天起，军方就告诉征兵员，他们是队伍的一部分[12]。征兵员们不仅保留着在新兵营建立起的战友情，也跟其他征兵员及领导以社群作为纽带，这让社交磁力变成了一种促使征兵员坚持工作的强大力量。

莫里森中士说，“9·11”事件对他产生了深远的影响，激励他报效祖国（要事为先）。“高中毕业后，我几乎立刻进入了技术领域，在新英格兰多家公司从事程序员和计算机技术员的工作。‘9·11’那天，我正在马萨诸塞州安多弗的税务局工作，在那里更新系统，解决2002年税务代码变动的问题。就在这时，大厦开始疏散人员。我们最初以为这是一场消防演习，直到有人到停车场通知我们说，未经许可，不得返回办公楼，这时我们才意识到情况并不是我们所预想的那样。回到办公室的路上，我们从收音机里听说了‘9·11’事件的具体情况。那年我21岁，决定要报效祖国。我本打算服役三四年就退役，但我来到了这儿，14年后，仍在服役。”

除了以上提及的武器外，莫里森中士还使用了极度容易的力量来帮助工作。在打电话或在商场征兵遭到拒绝后，他转而借助数字设备开展征兵工作：“针对如今这代人，社交媒体是非常有效的，这让我很少遭到拒绝，因为如果他们不感兴趣，大多数人根本不会在社交媒体上回应。对征兵员和有意向的咨询者来说，使用社交媒体的压力都比较小，全队上下都认为这是个双赢的办法。征兵员可以在更短的时间内接触到更多人，并且只跟有回应的人进行交流，而有回应的人通常都是有意向的。”

虽然奖金激励是大多数企业的常见做法，美国军方现在却不再向征兵员征募新兵发放经济奖励。照我猜测，这不仅是因为不道德，还有可能导致征兵员挟持人们入伍，而且军方应该能意识到，经济奖励只能在短期发挥作用，大多数时候无法实现持久的改变。虽然莫里森中士招募到新兵后得不到奖金，但如果他工作富有成效，就会获得晋升，不仅制服上能挂上奖章，还能继续驻守在美国（致命吸引）。

和军队里所有的士兵一样，莫里森中士的日常生活简直就是“例行常规”。无论是早上醒来，每天与领导开会，还是晚上睡觉，他的生活和工作都照惯例进行（反复铭刻）。对莫里森中士来说，穿上制服，不是为了任何经济奖励，而是为了向潜在的兵源“推销”参军的念头，这是创造神经记忆的最佳手段之一。当他回想自己每天工作中遇到的挑战，这份工作明显对他来说极为重要，要不然，他就不会坚持这么做了（行为在前）。

网络欺凌是常见行为的另一个例子。在网上欺负他人的学生完全明白自己发布的是什么内容，也能选择不这么做。但是，为了避免网络欺凌行为，光是知道人们明白自己在做什么，也有能力不这么做，这就够了吗？是的，这就够了。

在两年的时间里，芬兰的一项研究邀请了 234 所小学和中学共计 2.8 万名学生参与全校网络欺凌干预项目[13]。研究人员对学校提出随机指示，要学校照常行事（对照条件），或是执行网络欺凌干预。

对网络欺凌进行干预的学校要执行一套名为“KiVa”的项目。“KiVa”除了对学生、教师和家长进行有关网络欺凌的教育，还想培养学生对网络欺凌的受害者产生同情心，向后者提供支持，以尽量阻止网络欺凌行为的发生。一旦发生欺凌事件，教师们就要与受害者多次见面，应对这种局面。他们还会安排 2 ～ 4 名同学开会，支持受害者，建立共情社群（社交磁力）。通过这个项目，学生们还获得了实际应对网络欺凌的操作技能，如借助玩游戏和角色扮演练习，主动学习怎样制止网络欺凌（行为在前）。“KiVa”的研究基础是减少人们对网络欺凌的兴趣："同龄人行为的积极改变减少了欺凌者所得的奖励，从而降低了欺凌者这么做的动机（致命吸引）。"[14]

为了让这一项目成为儿童教育的常规部分（反复铭刻），在接受干预的小学，学生们每个月会上两次网络欺凌课，每次一小时；在接受干预的中学，学生们一年上 4 次课。课程之间，孩子们通过玩电脑游戏来巩固所学内容，并在虚拟环境下练习技能。研究开始时，研究人员并不清楚学生们是否认为必须要阻止网络欺凌。但这并不重要，因为结果表明，到项目结束时，学生们认为这件事很重要。

在研究开始时、6 个月之后和 12 个月之后，所有学校的学生都参与了网络欺凌经历的调查。研究发现，相比没有接受干预的学校学生，接受干预的学校学生更不可能受到网络欺凌。

和很多行为改变项目一样，该研究还发现，年龄越小的人越容易改变：项目对小学生的影响最大，对中学生也有影响，特别是男生多的班级。一如其他成功改变常见行为的故事，该项目几乎动用了所有的 7 种武器，并以社交磁力为重点。

当人们说起习惯，比如说自己想摆脱老跟错误的人约会的习惯，或是想养成早睡早起、多锻炼的习惯，人们一般说的是改变常见行为。常见行为固然难以改变，但它们并不像自动行为或冲动行为那样铭刻在大脑里，也不像冲动行为那样，会让人沉迷。

常见行为是人们反复做的事情，至少在做的时候，他们有部分时间是有意识的。

STICK WITH IT

许多人下班回到家会抓起一把不健康的零食往嘴里塞，而不是等到晚餐时再吃东西，这就是一个常见行为的例子。人或许意识到自己在吃零食，但这并不足以让他们停下来。他们可能希望自己能耐心地等到晚餐时间再吃东西，或是有足够的动力去跑步或游泳，但他们做不到。他们继续吃零食，因为这是一种很难改变的常见行为。

与自动行为和冲动行为相比，人们更容易察觉自己在做常见行为。常见行为出问题，感觉上就像是缺乏动力，比如因为太累而没法去跟朋友见面，于是就回到了邮件往来的熟悉惯例上。常见行为不会无意识地发生，所以我们要想改变它，就不只需要动用改变自动行为的那些武器。虽然金钱对大多数人来说是一种诱人的奖励，但它常常不足以改变常见行为。比如让人们去锻炼，可能需要足够多的钱才能吸引人走进健身房。钱也可能会让他们坚持一段时间，但如果前往健身房的时间超过了一小时，而且他们又只是看在钱的分上才这么做的，人们就有可能半途而废。

改变常见行为需要使用更多人对所作所为有意识时使用的武器（见图 9–4）。

STICK WITH IT

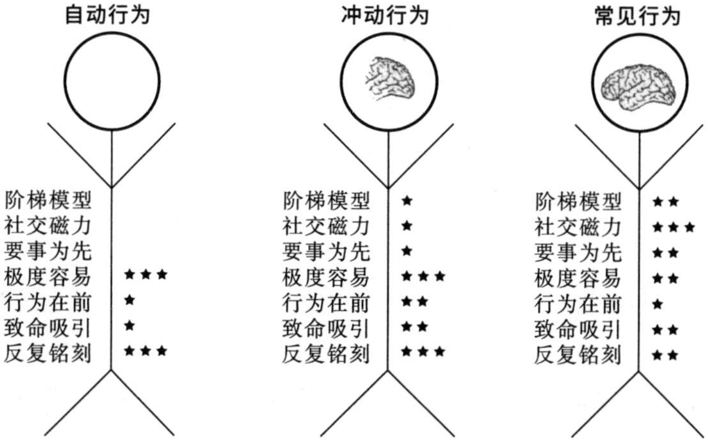

本图显示了改变自动行为、冲动行为和常见行为所需要的武器。人们在做常见行为时意识最强，为了说明这一点，我把代表常见行为的小人画上了完整的大脑。行为本身是属于自动行为、冲动行为还是常见行为，会让改变它的武器集合各有不同。星标越多，表明越是需要借助该武器来改变此类行为。

图 9-4　改变常见行为

例如，如果你想坚持去健身房，就可以跟朋友去同一家健身房（社交磁力）。如果你刚开始锻炼，那你就可以在距离近的健身房里开始新的健身，而不是报名去一家离得远的健身房（阶梯模型）。

养成冥想的习惯是改变常见行为的一个方式。退伍军人大卫是怎样坚持冥想的呢？他几乎运用了本书介绍的每一种武器。

首先，他逐渐开始行动，每天只冥想几分钟（阶梯模型）。他开始尝试冥想的期间，还参加了一项帮助老兵的研究，并接受研究员的指导，加入了一个小组（社交磁力）。他患有严重的创伤后应激障碍，迫切需要获得帮助（要事为先）。他在一段时间内每天坚持冥想之后，得以回首过去，意识到自己一定是“适合冥想的那类人”，否则他早就放弃了（行为在前）。他把冥想当作每日仪式（反复铭刻）。第一轮疗程结束后，冥想立刻起到了“快修”的作用，显著改善了他的症状（致命吸引）。

但冥想对他来说真的容易吗？我有点怀疑，但背靠6大武器的力量，大卫获得了足够的支持，从而坚持了下去。大卫的最终奖励也是他坚持冥想的理由，那就是，冥想让他的思绪恢复平静，为他带来了安宁。

以下是一些常见行为举例。

- **不可取的常见行为：** 想吃垃圾食品；有意识地按下闹钟，多睡一会儿；固执地吃同一种甜麦片，而不是换成更健康的替代品。

- **可取的常见行为：** 持之以恒地进行健康饮食、锻炼，学习新语言。

STICK WITH IT

持续行动处方

尊敬的肖恩·扬博士：

我住在加利福尼亚州的森尼韦尔。我是一名工程师，开发了一款应用程序，可以帮助人们追踪自己的健康行为。这款程序棒极了。

唯一的问题是，几乎没有人使用这款程序。人们下载它，然后很快就放弃使用。我本以为这款程序能卖上几十亿美元呢！好在我还干着全职工作没辞职。7 种武器能不能帮助我，让用户使用这款程序呢？

安妮塔

亲爱的安妮塔：

以下是让用户行为发生改变并坚持行动的处方。和所有的处方一样，我们需要根据前期结果稍作调整，你先试上一阵子再跟我联系，好让我们能为你再做调整。

1. 使用 SCIENCE 模型来判断，让人们使用你的程序属于自动行为、冲动行为，还是常见行为。照我想来，这应该是一种常见行为，因此，你可以使用下面的清单，尽可能多地运用 7 种武器。

2. 从小处着手。让用户快速上手，他们不需要复杂的解释或详细的操作演示（阶梯模型）。
3. 创建社群。找出用户想与他人分享的内容，并让他们相互分享（社交磁力）。
4. 让应用程序对用户具有重要性。为用户解决一项重要需求（要事为先）。
5. 保持操作简单。用户无须思考该怎样使用这款应用程序，它应该有着明确的目的和导航键（极度容易）。
6. 哄着用户的大脑，让他们一直使用。在询问用户问题或从他们身上收集大量数据之前，要先获得他们的支持。逐渐增强的承诺感会让他们更加投入，坚持使用该应用程序（行为在前）。
7. 增加应用程序的趣味性。加入奖励、游戏化程度或其他诱因，让它变得好玩有趣（致命吸引）。
8. 把它铭刻到用户的大脑里。使用触发因素和条件反射，形成简单的习惯（反复铭刻）。

肖恩

让 7 种武器组合起来，发挥大于 7 的力量

就算你没从本书学到其他东西，以下这一点也请务必记住：坚持行动以形成持久改变的过程分为两步。

第一步，确定你尝试改变的行为是 A 类行为、B 类行为或 C 类行为。为了确定这一步，你需要问自己，是什么阻止了你（或其他人）实现改变。找到问题的原因往往比听起来更加困难，因为人们并不见得总能意识到是什么原因阻止了自己做某事。但如果你能坐下来好好想想，并借助案例研究和图示，那么只要多花些时间，你就能找到答案。

- 你是否还没意识到自己在做什么，行为就发生了，也就是你是无意识地做它的？如果是，那么它可能就属于自动行为。
- 这是不是一件你能意识到但感觉无力阻止的事情呢？如果是，那么它可能就属于冲动行为。
- 这是不是一件你能意识到，但很难获得足够的动力去改变的事情？如果是，这可能就属于常见行为。

第二步，一旦你确定了某事是 A 类行为、B 类行为还是 C 类行为，就可运用所需的武器去改变它。可要是你还拿不准这件事到底是哪类行为，该怎么办？这大概是因为你对该行为的认识还不够具体。请回想第

2 章的内容，人们碰到的一种问题是，他们以为自己规划的是小步骤，但其实还是太大了。判断是 A 类行为、B 类行为还是 C 类行为时（见图 9-5），可能也会出现类似的问题，你以为自己碰到的是 B 类行为，其实却是 A 类行为或 C 类行为。不同的行为需要借助不同的武器，将 7 种武器组合起来，能够发挥出大于 7 的力量，所以请务必做出正确的判断。

例如，人们不能只是说“我想让自己变得更健康”，而是应该说得更加明确，因为“更健康”有可能意味着你想要改变大量不同的行为。它可能指的是你不再把饼干当作零食，也可能意味着你要多加锻炼，还可能意味着你要保持良好的体态。光是知道一个人想要变得更健康，很难判断相关的事情到底属于 A 类行为、B 类行为还是 C 类行为。但如果你形容得更为具体，比如你想克制自己深夜吃零食的冲动，那就能知道这是 B 类行为，因为你能意识到自己在做什么，但很难控制不去吃零食。

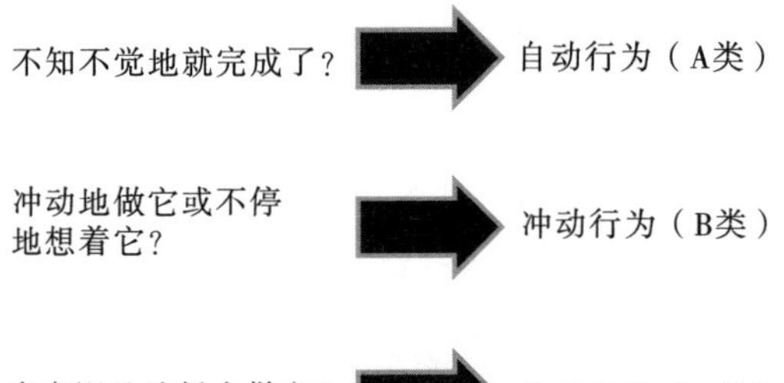

图 9-5 判断是 A 类行为、B 类行为还是 C 类行为

一般而言，询问自己想要改变什么行为的时候，务必做到尽量具体。如果你的答案里使用了“无意识”或“不知不觉”这样的字眼，那就可能是 A 类行为。如果你的答案里使用了“痴迷”“冲动”“强迫”或“热切”这样的字眼或短语，那就可能是 B 类行为。如果你使用了“没有动力”“疲惫”或“无聊”这一类词，那就可能是 C 类行为。如同我们整本书所讲的，运用你能掌握的所有武器，向你要改变的行为进攻。

恭喜！你现在已经获得了相应的工具，并了解了背后的科学原理，能够在生活和工作中坚持行动并实现持久改变了。回想一下你希望改变的事情，就像研究人员开发“行为改变干预项目”一样，借助 SCIENCE 模型来设计一套运用这 7 种武器的方案。不要找借口，也别再等待。还记得有句老话是怎么说的吗？“种一棵树最好的时机是 20 年前，第二好的时机就是现在。”

行动练习清单 STICK WITH IT

开始运用 SCIENCE 模型

1. 现在，你已经熟悉了 7 种武器，回想一下你想在生活里改变的事情。
2. 使用本章介绍的 SCIENCE 模型，了解为什么有些改变能持久，有些不能。
3. 专注于你能在生活和工作中实现的积极改变。
4. 写下你能够改变的行为，无论是自动行为、冲动行为还是常见行为，以及你用来达成改变的相应力量。

只有想不到，没有做不到

想象一棵巨大的枫树上有一片亮绿色的树叶。随着季节的变换，树叶从绿色变为金色，从金色变为红色，又从红色变成棕色。一阵风把叶子从树上吹落了，重力把树叶拉到地面与尘土为伴。接下来的几天里，风、人的鞋子、孩子们的手……各种力量让树叶飘飘摇摇地落到一片草地上。接着，一条狗走过来，朝它撒了一泡尿。

从很多角度看，人跟这片树叶很像。一些自然的力量作用于我们的生活，把我们推向特定的方向。我们选择和什么人一起共度时光，会影响我们是否能够坚持自己的兴趣爱好、是否能坚持锻炼身体或学习新语言。我们生活和工作的地方会影响我们吃多少东西，喝多少酒，抽多少烟。我们能否正确地使用日历、闹钟等提醒工具，会影响我们是否能借此更好地坚持工作、冥想以及拥有亲密的朋友。许多人都感觉到，无论自己怎么努力地想要改变，却总是无法持久，无法控制自己的生活。

但人和树叶等物体有一个重要的区别是：人有大脑。人们或许无法改变自然的力量，但是大脑允许我们选择创造改变的力量。如果树叶想要顺着街道往下挪动，它无法主动等来一阵风，但人可以。人可以使用 SCIENCE 模型，让各种武器为己所用。我们可以用阶梯模型来规划大小适宜的步骤、目标和梦想，让自己坚持做想做的事情。我们可以让自己置身于能鼓励自己坚持下去的社群。我们可以消除障碍，随身携带一瓶水或一双跑鞋，来让自己更容易喝水，也更容易锻炼。

行为改变很困难。别指望读了这本书后，改变就自然地发生。但行为改变也是可以实现的。

我之所以进入心理学和医学领域，是因为想帮助别人，现在动手撰写这本书则是因为我想帮助你。我想谢谢你读完了这本书，也希望我们的关系已经建立。你可以通过网站 seanyoungphd.com 与我联系，在网站上发布你的行为改变进度，也可以向我提问。

如果你看到了这部分，那就应该已经激活了 7 种武器中的一种：行为在前。光是读完这本书，就证明你能够坚持做自己想做的事情，所以为自己成功读完本书而庆祝吧！你已经走上了开始改变的道路，而且还拥有了方便自己继续前进的工具。

STICK WITH IT

译者后记

当初拿到这本书时，编辑就告诉我："这本书太适合你接手了！"一开始，我不知道这是一本什么样的书，也不清楚为什么编辑得出了这样的结论，可等拿到书一看：真的挺适合。

我是一名全职翻译，从投身这一行到现在已经有 10 年以上；我是业余的攀岩爱好者，爬了 10 多年，虽然迄今为止攀爬能力仍然很差，但也是一条定期泡岩馆、不泡不开心的"老岩棍"；我练习巴西柔术多年，尽管只能一周一练，但已经拿到蓝带。

所以，经常有人问我一个问题：你是怎么坚持下来的？

在碰到这本书之前，我的回答是："因为爱。""因为爱"是一个可以被大家接受的答案，毕竟，所有人都知道，热爱能让人爆发出强烈的力量。但"因为爱"也是一个投机取巧的答案，毕竟，有太多事情，我们没那么爱，甚至完全不爱，也得埋着头干下去；还有的时候，我们想要坚持的是克服一种坏习惯，这时候就完全谈不上"爱"的因素了，甚至有可能，我们想要克服的就是不恰当的"爱"。

《影响力 · 行动篇》这本书里介绍了能帮助人坚持的 7 种武器：阶梯模型、社交磁力、要事为先、极度容易、行为在前、致命吸引、反复铭刻。具体的使用方式，书里已经讲得颇为详细，这里，我可以用自己的例子再做点补充。

从事翻译工作，对我来说是极为适合的一种选择：我对文字有一定的敏感性，也耐得住性子坐在电脑前不停地打字；我喜欢接触新的观点。事实上，翻译这件事，我基本上属于一上手就干得颇为顺利（极度容易）的那类；没干多久，又走了好运，翻译了至今仍然畅销的湛庐图书《牛奶可乐经济学》。这样的经历让我不断对自己强化一个概念："我就是喜欢翻译""我就是适合做这一行"（行为在前）。久而久之，我越干越顺手（反复铭刻）。干到现在，我对自己的译者身份十分认同，还认为通过优秀的外版图书传播一些观点，是一件对人对己都有着重大意义的事情（要事为先）。

爱上攀岩的过程更具戏剧性。当时，我做翻译还不久，人也年轻，常常一工作就是 10 多个小时。没过多久，久坐带来的伤害就已经很明显了，身材走形倒是小事，更麻烦的是，背部剧痛，脖子也不舒服，大概是颈椎病前兆了。有一位译者前辈提醒我：要买好的座椅；用台式机，别用笔记本；工作时，脖子的位置最好是平视或者借助椅子的头枕略微上仰。可即便如此，背部已经劳损的情况还是没有办法改善，我的背该痛还是继续痛。去医院拍片，骨头还没问题，疼痛主要是肌肉长时间紧绷所致。

于是，我开始寻找各种锻炼途径。我跑过步——我发现自己讨厌跑步；我游过泳——活动后身体倒是舒服了，可游完泳总是胃口大开，一个冬泳季过完，生生胖了 5 公斤；我骑过自行车——对背完全没好处。有一天我去电脑城买东西，发现隔壁的商场有攀岩墙，有人在墙上爬得行云流水。我立刻动了心，现场试了试，喜欢，于是就此踏上了不归路。我大概是有一种“渴望像猴子一样爬来爬去”的天性，这项运动让我十分着迷，最热衷的时期，我做梦梦见的都是怎样攀完一条线路（致命吸引）。

当时攀岩是一项非常小众的运动，教练看到有人愿意练，不光悉心指导，还恨不得倾囊以授。岩友们也非常热心，每次练习，都有人愿意帮新手指线路。我很快就跟大家打成了一片（社交磁力）。

3 个月之后，我发现自己身上出现了几点令人欣喜的改变：背不痛了！脖子不咔咔作响了！我还恢复了只有中学时代才达成过的技能：又可以做引体向上了！有了这样正向的激励，想要半途而废也觉得很难。

至于日后练习巴西柔术，其实是攀岩成功经验的又一次重复，两项运动有着异乎寻常的相似之处：都是小众运动，都有一个基本上由铁杆爱好者组成的热心社群，正向反馈强烈而明显。

不过，在翻译这本书期间，我给自己开了一个新项目：学弹电子琴。我从小音乐差到极点，小学时还曾因为听不出“哆来咪”和不识简谱而把自己气哭过。所以，我想借助这些武器的力量，挑战一下自己最弱的项目。到写这篇译者后记的时候，我练琴快有半年了，老师教的乐理让我似懂非懂，左右手根本谈不上配合，还经常找不准键的位置。我现在的愿望很渺小：那就是到年底时能流畅地弹出一曲《生日快乐》或者《小星星》!

最后，是我一贯留在书尾的套话：由于译者水平有限，或一时的疏忽，可能会出现一些错译、曲解原意的地方。如读者在阅读过程中发现不妥之处，或是有心得愿意分享，请一定和我联系，豆瓣上搜索我翻译的任何一本书，都可找到我的豆瓣小站。

另外感谢长期与我合作的同事、同人，谢谢参与本次翻译工作的曾静、张志华、唐竞、向倩叶、黄慧、廖昕、唐芸、陈霞等人。

闾佳

STICK WITH IT

致谢与参考文献

考虑到环保的因素，也为了节省纸张、降低图书定价，本书编辑制作了电子版的致谢与参考文献。请扫描下方二维码，直达图书详情页，点击“阅读资料包”获取。

未来，属于终身学习者

我们正在亲历前所未有的变革——互联网改变了信息传递的方式，指数级技术快速发展并颠覆商业世界，人工智能正在侵占越来越多的人类领地。

面对这些变化，我们需要问自己：未来需要什么样的人才？

答案是，成为终身学习者。终身学习意味着永不停歇地追求全面的知识结构、强大的逻辑思考能力和敏锐的感知力。这是一种能够在不断变化中随时重建、更新认知体系的能力。阅读，无疑是帮助我们提高这种能力的最佳途径。

在充满不确定性的时代，答案并不总是简单地出现在书本之中。“读万卷书”不仅要亲自阅读、广泛阅读，也需要我们深入探索好书的内部世界，让知识不再局限于书本之中。

湛庐阅读 App：与最聪明的人共同进化

我们现在推出全新的湛庐阅读 App，它将成为您在书本之外，践行终身学习的场所。

- 不用考虑“读什么”。这里汇集了湛庐所有纸质书、电子书、有声书和各种阅读服务。
- 可以学习“怎么读”。我们提供包括课程、精读班和讲书在内的全方位阅读解决方案。
- 谁来领读？您能最先了解到作者、译者、专家等大咖的前沿洞见，他们是高质量思想的源泉。
- 与谁共读？您将加入优秀的读者和终身学习者的行列，他们对阅读和学习具有持久的热情和源源不断的动力。

在湛庐阅读App首页，编辑为您精选了经典书目和优质音视频内容，每天早、中、晚更新，满足您不间断的阅读需求。

【特别专题】【主题书单】【人物特写】等原创专栏，提供专业、深度的解读和选书参考，回应社会议题，是您了解湛庐近千位重要作者思想的独家渠道。

在每本图书的详情页，您将通过深度导读栏目【专家视点】【深度访谈】和【书评】读懂、读透一本好书。

通过这个不设限的学习平台，您在任何时间、任何地点都能获得有价值的思想，并通过阅读实现终身学习。我们邀您共建一个与最聪明的人共同进化的社区，使其成为先进思想交汇的聚集地，这正是我们的使命和价值所在。

北京市版权局著作权合同登记号　图字：01-2024-4232

图书在版编目（CIP）数据
影响力．行动篇 /（美）肖恩·扬（Sean Young）著；闫佳译．-- 北京：中国财政经济出版社，2025．1.（2025.4重印）
ISBN 978-7-5223-3473-8
Ⅰ．H019-49
中国国家版本馆 CIP 数据核字第 20246FQ960 号

责任编辑：翁晓红　　责任校对：张　凡
封面设计：张志浩　　责任印制：张　健

影响力·行动篇
YINGXIANGLI · XINGDONGPIAN

中国财政经济出版社 出版
URL：http://www.cfeph.cn
E-mail:cfeph@cfemg.cn
（版权所有 翻印必究）
社址：北京市海淀区阜成路甲 28 号　　邮政编码：100142
营销中心电话：010-88191522
天猫网店：中国财政经济出版社旗舰店
网址：https：//zgczjjcbs.tmall.com
天津中印联印务有限公司印装　　各地新华书店经销
成品尺寸：170mm×230mm　16 开　18.25 印张　235 000 字
2025 年 1 月第 1 版　2025 年 4 月天津第 2 次印刷
定价：89.90 元
ISBN 978-7-5223-3473-8
（图书出现印装问题，本社负责调换，电话：010-88190548）
本社图书质量投诉电话：010-88190744
打击盗版举报热线：010-88191661　QQ：2242791300